U0915391

澄衷蒙學堂字課圖說
伍

數 去 上 入

音數計也
音棟數目
音朔頻數也

所矩切。計其多寡曰數。引伸之即為數目之數。讀雙遇切。又引申之凡事之屢見者曰數。讀色角切。

類 去

音戾相象曰類
種類 同類

力遂切。从犬頪聲。種類相似惟犬為甚。引申為倫類之類。故事物之肖似者為同類。其相反者曰不類。又祭名。非常祀而祭告於天。其禮依郊祀為之。曰類祭。

多 平

朵平聲衆也
多寡 幾多

得何切。重夕為多。有增益之意。多者勝少者。故引申為勝。周禮司勳。戰功曰多是也。又古人多祇同音。論語多見其不知量。多見即祇見也。

少 去 上

燒上聲不多也
多少 絶少
又燒去聲年幼
之稱 老少
少年

書沼切。對多而言曰少。式照切。小也。稱也。

半 去

般去聲物中分
也 得半 大
半 一半

博漫切。半即判之本字。凡數三分有二為大半。三分有一為小半。中分之為半。故無論何數。以二除之。即得其半。

零 平

音靈雨露下降
曰零 凋零
零星

郎丁切。零本訓餘雨也。有零落之意。故草木黃落曰凋零。瑣碎之物曰零星。凡數奇餘者皆曰零餘。

單 上 平

音丹不偶曰單
單薄 單雙
又音蟬 單于
又音善 單父

多寒切。對雙為單。算法自一至九為箇位。亦曰單位。單者易盡。故禮歲既單矣。訓盡。　市連切。匈奴稱其天子曰單于。　上演切。單父魯邑名。今山東曹州府單縣。

隻 入

音炙物單曰隻
隻手 一隻

之石切。隻从又隹。會意。又者手也。手持一隹為隻。故物之單者皆曰隻。

雙 平

音雙猶偶也
單雙 雙關

所江切。手持二隹為雙。故物之偶者皆曰雙。

再 去

音載過一曰再
再三

作代切。對偶之詞曰二。重疊之詞曰再。

一 入

漪入聲數之始
也 一統 專
一 一切

益悉切。數始於一。故大或十百千萬。小或毫絲忽微。俱以一為界。

二 上

音樲偶一為二
二老

而至切。地數之始。即偶之兩畫而變之也。算法二加一為三。二減一為一。二乘二為四。二除二為一。

三 平

颯平聲。數名。　三才　三公

蘇監切。數始於一，終於十，成於三。故人三為衆，女三為粲，獸三為羣。

四 去

音泗。倍二為四。　四方　四海　四時

息利切。二二相加為四，二二相乘亦為四。乘為加之捷法，此其明證。

五 上

音午。中數也。　五大洲　五更

疑古切。所謂中數者，數始於一，極於九，五居其中也。故算法無論何數，若不論其位之大小，以五除之，可無奇零。

六 入

音陸。三兩之為六。

力竹切。二與三相乘為六，三與三相加亦為六。

七 入

音桼。數名。　七夕　七星

戚悉切。算法一加六為七，二加五，三加四，亦均為七。反言之，七減六為一，七減一則為六。餘可類推。中國之俗，人死每七日為一七，至四十九日為斷七。西人越七日安息一日，俗稱禮拜，即中歷房虛昴星四星期也。

八 入

音捌。倍四為八。　八卦　八方

博拔切。算法八為三二連乘而成，故二與四相乘為八，以二或四除八，為四或二。

九 上

音久。數名。　九州　九數（音鳩）

舉有切。數之究也。凡數起於一，極於九。故算例有九章，算法有九九表。居尤切。論語九合諸侯，訓聚也，讀作糾。

十 入

音拾。數之具也。　十里亭　十字會

是執切。一為東西，丨為南北，十則四方中央具矣。凡數自一至九為單位，足十个則進為十位。故西國數碼惟自一至九，遇十則補圈於一右以足之。此算法進位之例。

百 入

音伯。十十曰百。　百姓　百官

博陌切。

千 平

音阡。十百為千。　千秋　千夫長

倉先切。今俗記錢數，幾千或曰幾貫，亦曰幾串。

萬 去

音蔓。十千為萬。　萬歲　萬人敵

無販切。數紀於一，協於十，長於百，大於千，衍於萬。故萬為盈數。又湯武以萬人得天下，稱干戚之舞曰萬舞。

億 入

音臆。數名。又安也。　萬億　供億

於力切。算法億之數有大小二法。小數以十為等，十萬曰億，十億曰兆。大數以萬為等，萬萬曰億，億億曰兆。又安也。供其匱乏，使之相安曰供億。段借為意，謂以意度之也。如論語不億不信之億是。

三

四

五

六

七

八

九

十

百

千

萬

億

兆

上

音肇。占象曰兆。吉兆。又數名。億兆。

治小切。灼龜坼文曰兆。引申之。凡事機先見皆曰兆。又數名。以十為等。十億曰兆。以萬為等。萬億曰兆。今記數多從十為等。如中國四百兆人。即四萬萬人也。京都為大衆所在。故曰京兆。

壹

入

音一。專一也。壹是。壹志。

益悉切。無貳之謂。後世簿書每叚壹以代一。所以防奸易也。

貳（弍）

去

音樲。不專一也。貳心。佐貳。

而至切。心疑不一之謂貳。引申為副貳之貳。今借作二字用。

參（叁）

平

音三。與三通。音驂。參列也。音森。星名。音嵾。參差之參。

蘇藍切。參。三之本字。三相參為參。故又讀倉含切。後世參軍參謀參知政事。蓋取此意。俗作叅。 所今切。參商之參也。 初簪切。參差。不齊貌。

肆

去

音四。陳列也。放縱也。陳肆。放肆。

息利切。極陳也。謂盡其所有而陳列之。引申為放肆之肆。義取縱恣盡情也。又為發聲之詞。如肆予以爾東征之類是。 俗借作四字用。

伍

上

音五。五人為伍。軍伍。等伍。

疑古切。相參伍也。三相參為參。五相伍為伍。五家相保亦曰伍。引申其義。與衆雜處亦曰伍。司馬法百二十五乘為伍。即算法五五連乘之義。俗借作五字用。

陸

入

音六。高平地也。陸路。水陸。

力竹切。路無水為陸。統計地球全面。水居其七。陸居其三。僅以中國言之。南方多水。北方多陸。故古者作車以行陸。今倣西法造火車以通陸路。便捷倍蓰。俗借用作六字。

柒

入

音七。俗漆字。

戚悉切。今叚作七字用。

捌

入

音八。

博拔切。分也。擊也。今叚作八字用。

玖

上

音九。石之次玉者。瓊玖。

舉友切。玖者亞於玉之石也。其音近黝。故兼訓黑色。 今人簿書每借作九字用。

拾

入

音十。收也。斂也。收拾。音笈。更也。

實執切。拾者有拾取斂藏之意。射韝曰拾。亦取蔽膚斂衣意也。今官書文亦借為數目之十字用。 極葉切。禮投壺左右告矢具。請拾投。言賓主更迭而投也。

什

入

音十。二五為什。什伯。什長。

實執切。義與十同。軍制十人為什。詩雅頌每以十篇為一卷。故曰篇什。皆有十字之意。吳楚間謂資生雜具曰什物。義取物之常用者。其數非一也。 又俗問不知何物曰什麽。

廿 入

音入。二十曰廿。

人汁切。二十并也。古者書二十字。从省并為廿字。

卅 入

音颯。三十并也。

蘇沓切。算法三與十相乘也。二與十五相乘。五與六相乘。亦均為卅。

度 去 入

音渡。較長短之具曰度。 法度。 音鐸。較其長短曰度。 謀度。

徒故切。度丈尺之總名。所以齊物之短長者也。故齊一民俗曰法度。引申為謀度之度。言凡欲齊一者。必先商度也。讀徒洛切。

寸 去

村去聲。十分為寸。 寸。 尺寸。 分寸。

倉困切。一黍為分。十分為寸。算法四邊皆寸曰平方寸。六面皆平方寸曰立方寸。英名寸曰因制。一因制合中國工部尺八分又二一五。

尺 入

音赤。十寸曰尺。 尺寸。 丈尺。

昌石切。夏以十寸為尺。殷九寸為尺。周八寸為尺。今沿夏制。而裁尺工部尺長短不同。蓋工部尺雖亦以十寸為尺。實得裁尺九分之一也。英名尺曰幅地。十二因制為一幅地。合中國工部尺九寸八分又五八。

丈 上

長上聲。十尺曰丈。 丈尺。 丈夫。

雉兩切。小爾雅。度五尺為墨。倍墨為丈。周制八寸為尺。十尺為丈。人長八尺。故稱丈夫。此皆就邊緣言之。以面言。四邊皆丈曰平方丈。以體言。六面皆平方丈曰立方丈。如席間函丈。釋氏方丈。皆指平方丈言也。

量 去 平

音亮。能容物以計多寡者曰量。 度量。 限量。 音良。度其多寡曰量。 衡量。

力仗切。量斗斛之總名。英量有酒量。苦酒量。乾物量。大致以四計耳為一本脫。八本脫為一嘎倫。一嘎倫容積合中尺一百五十三立方寸又六分四釐强。得中量六升一合四分勻有奇。 呂張切。以器較量其物也。

升 平 昇

音陞。量名。又氣之上騰也。 升斗。 升高。

識蒸切。十合為升。凡二千四百黍為一合。則每升計容二萬四千黍。英量一立方寸。合中尺三十三立方寸又八分三釐强。得中量一升三合五勻有奇。又遇熱則漲。漲則上升。為氣質流動公例。

斛 入

音縠。五斗曰斛。以斛量縠。即曰斛。 斗斛。 斛米。

胡各切。古以銅為之。容十斗。今用木。容五斗。定制斛方。口方六寸六分。內底方一尺六寸。內高一尺一寸七分。

鎊 平

音滂。英計金錢以鎊。 金鎊。

鋪郎切。英以十二本士為一先令。二十先令為一鎊。中國向外洋購件及他貸借諸款。皆以金鎊計。故鎊價盈虛伸縮之權。悉操自外人焉。

噸 去

音頓。二千二百四十磅為噸。字書無此字。

都困切。英雜物權以二十八磅為一瓜特。四瓜特為一亨特威。二十亨特威為一噸。計以中權。二十一斤為一瓜特。八十四斤為一亨特威。一千六百八十斤為一噸。

稱 去

音秤。較其輕重曰稱。音秤。較輕重之器曰稱。

稱 平

處陵切。稱銓也。所以稱物也。有程量之意。故譽人曰稱揚。亦曰稱說。昌孕切。權衡正斤兩者。俗作秤。

權 平

音拳。所以準稱者。稱物即曰權。權衡。權宜。權輿。

巨員切。稱錘也。所以平物之輕重也。引申為經權之權。又申為全權之權。泰西各國度量權衡。惟法制最精。英制最通行。英權有珠寶權雜物權藥料權米權諸名。各不相等。

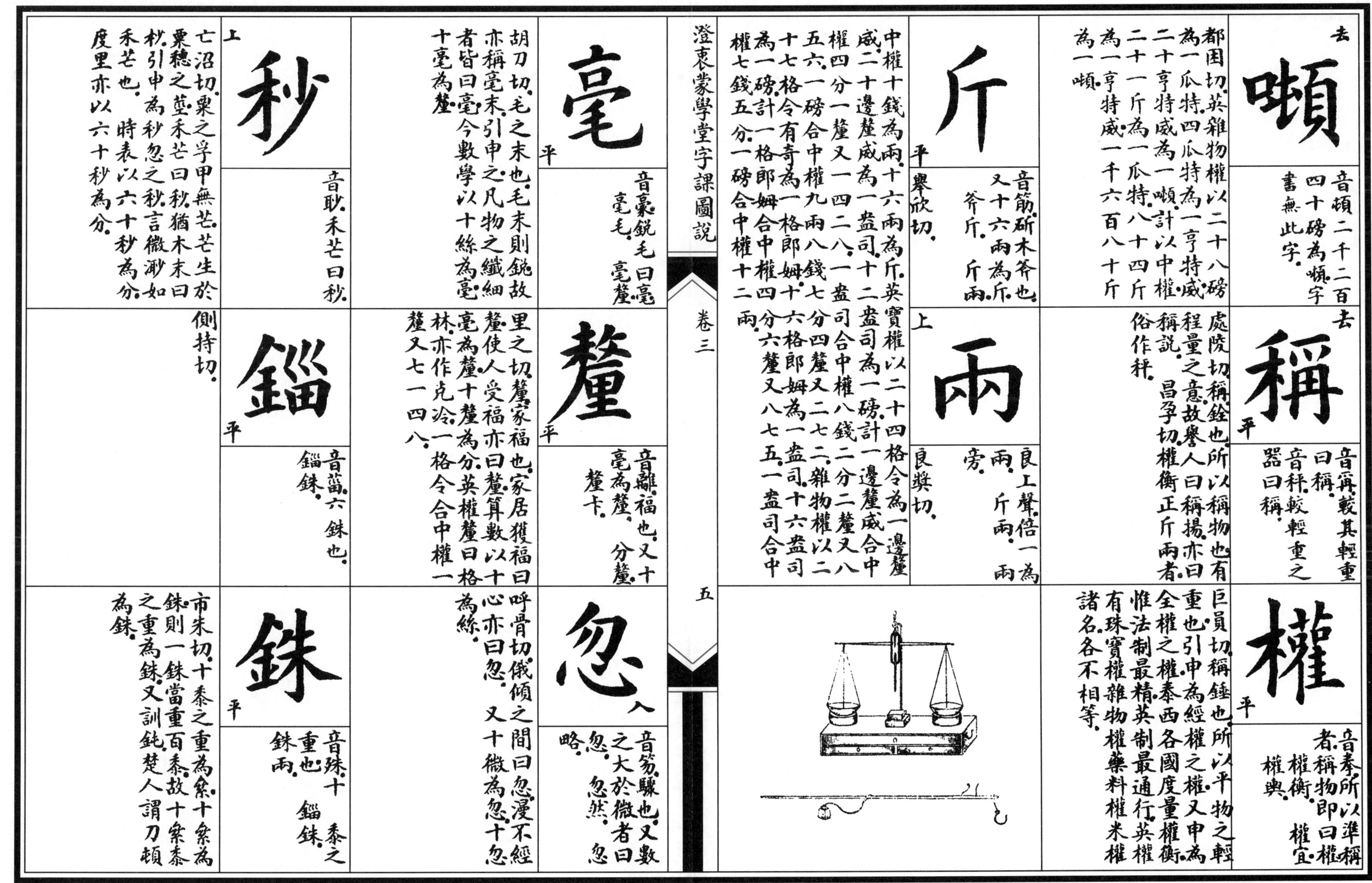

斤 平

音筋。斫木斧也。又十六兩為斤。斧斤。斤兩。

舉欣切。

兩 上

良上聲。倍一為兩。斤兩。兩旁。

良獎切。

中權十錢為兩。十六兩為斤。英寶權以二十四格令為一邊釐威。二十邊釐威為一盎司。十二盎司為一磅。計一邊釐威合中權四分一釐又一四二八。一盎司合中權八錢二分二釐又八五六。一磅合中權九兩八錢七分四釐又二七二。雜物權以二十七格令有奇為一格郎姆。十六格郎姆為一盎司。十六盎司為一磅。計一格郎姆合中權四分六釐又八七五。一盎司合中權七錢五分。一磅合中權十二兩。

毫 平

音豪。銳毛曰毫。毫毛。毫釐。

胡刀切。毛之末也。毛末則銳。故亦稱毫末。引申之凡物之纖細者皆曰毫。今數學以十絲為毫。十毫為釐。

釐 平

音離。福也。又十毫為釐。分釐。釐卡。

里之切。釐家福也。家居獲福曰釐。使人受福亦曰釐。算數以十毫為釐。十釐為分。英權釐曰格林。亦作克冷。一格令合中權一釐又七一四八。

忽 入

音笏。驟也。又數之大於微者曰忽。忽然。忽略。

呼骨切。俄傾之間曰忽。漫不經心亦曰忽。又十微為忽。十忽為絲。

秒 上

音眇。禾芒曰秒。

亡沼切。粟之孚甲無芒。芒生於粟穗之莖。禾芒曰秒。猶木末曰秒。引申為秒忽之秒。言微渺如禾芒也。時表以六十秒為分。度里亦以六十秒為分。

錙 平

音菑。六銖也。錙銖。

側持切。

銖 平

音殊。十黍之重也。錙銖。銖兩。

市朱切。十黍之重為絫。十絫為銖。則一銖當重百黍。故十絫黍之重為銖。又訓鈍。楚人謂刀頓為銖。

鈞 平

音均 三十斤也 洪鈞 陶鈞

居勻切 權衡之法 三十斤為鈞 鈞與均通 故陶人名模下圓轉之器曰鈞 取周回調均之義 引申之 天之造物 猶陶之造瓦 故謂天曰洪鈞

片 去

偏去聲 析厚使薄曰片 名片 瓦片

匹見切 从半木 謂已判之木也 木經判必薄 故凡析厚使薄者皆曰片

段 去

音緞 析物曰段 大段 地段

丁亂切 椎物使之析也 引申之 物之已析者亦曰段 如體段 地段 條段之類

顆 上

科上聲 猶粒也 顆粒 一顆

苦果切 顆 小頭也 引申為凡小物一枚之稱 珠子曰顆 米粒曰顆 是也

匹 入

品入聲 配偶為匹 布匹 匹夫

普吉切 古者束帛之製 二丈為端 二端為兩 兩謂之匹 言自其二端兩兩卷之 故凡取配偶之意者皆曰匹

箇 去 个

歌去聲 猶枚也 一箇 幾箇

古賀切 竹梃自其徑直言之 竹枚自其圍圜言之 故一枚謂一箇 今俗言物數有云若干箇者 故數學自一至九謂之箇位

般 平

音蟠 旋轉曰般 般旋 同班 萬般

非潘切 象舟之旋 从舟 从殳 殳 所以旋舟者也 引申為般旋不進之義 般遊 般樂 皆本乎此 又布還切 與班同 齊等之貌 故俗稱物相等者曰一般

壘 入

音牒 層絫曰壘 重壘 複壘

徒協切 重日為壘 言壘絫也 絫者莫多於星 晶 古星字

次 去

音佽 亞於上者為次 次第 次序

七四切 古文象茅蓋屋之形 屋中位次高下不同 故凡可止居者皆曰次 如師次 旅次之類 謂其倉猝投宿 不及精擇也 故急遽苟且又曰造次

絫 去 上 平 累

音壘 增益曰絫 音樏 同累 讀去聲 貽害曰累

力詭切 隸變為累 算法十黍曰絫 十絫曰銖 力追切 係累猶縛結也 力偽切 害人曰累人 受人害曰受累

層 平

音曾 累而上者曰層 層次 第一層

昨稜切 層 重屋也 凡物之重累者通曰層

聚 上

徐上聲 由分而合曰聚 聚散 聚會

在庾切 聚者 集之使不散也 故村落曰村聚 言民人聚集而居也

番 平

音煩。獸足也。音翻。遞更曰番。音波。勇皃。

附袁切。獸足為番。从釆。象獸指爪也。从田。象其掌也。

（篆文）番 孚袁切。更遞曰更番。又蠻夷曰番。今鷹洋來自墨西哥國。故曰番餅。博禾切。爾雅番番勇也。

套 去

韜去聲。自外而圜之曰套。俗套。套頭。

叨號切。方言。不受人籠絡者曰不落套。簡畧時趨者曰脫套。又以外掛為外套。謂其套於袍之外也。

件 上

乾上聲。分其條目曰件。名件。物件。

其輦切。分也。謂分其條件也。俗號物數曰若干件。

格 入

音隔。物有定式曰格。格物。格式。資格。

古柏切。木長皃。謂其枝格相交。無不到也。故訓為至。此接於彼曰至。彼接於此曰來。故訓為來。至與來有一定之程。及其程曰入格。如資格。格正之格是也。不及其程曰扞格。如交格。格鬬之格是也。

式 入

音識。可資模範曰式。合式。樣式。

賞職切。凡可為法者皆曰式。叚借為試。試用也。故又訓為用。又與軾通。為車以揉其式。義取人所憑依而式敬也。

模 平

音謨。製器之範曰模。規模。模樣。

莫胡切。模規也。以木為之規也。引申之。凡可規仿者皆曰模。

樣 去

音漾。有範可指曰樣。榜樣。花樣。

弋亮切。

第 去

音弟。次第也。又作但字解。門第。等第。

特計切。第者秩然有序之謂。漢書為列侯者賜大第。言有甲乙次第也。叚借為發聲之詞。訓但也。

羣 平

音帬。類聚曰羣。同羣。羣輩。

渠云切。獸以類聚曰羣。如周語獸三為羣。詩三百維羣是也。引申為凡類聚之稱。

總 上

音揔。聚而縛之曰總。總理。總統。

作孔切。悤有散意。糸以束之。禮經之總。束髮也。禹貢之總。禾束也。引申為凡兼綜之稱。

盈 平

音贏。滿而不溢曰盈。盈虛。充盈。

以成切。从皿从夃。會意。夃猶多也。故器中滿曰盈。推言之。凡充積者皆曰盈。算法九章盈縮。訓過曰盈。不及曰縮。

餘 平

音余。過盈曰餘。餘力。盈餘。

以諸切。

色 入

音嗇。青黃赤白黑也。 面色。 顏色。

殺測切。凡物有質必有色。惟白為正色。二色相合為間色。如紅藍合為玫瑰紫色。紅黃合為橘皮黃色。黃藍合為橄欖綠色。各隨所間而成色者也。引申之為色容之色。

紅 平

音洪。色之淺於赤者曰紅。 紅紙。 紅布。

戶公切。南方間色也。凡染絳一入謂之縓。縓即紅也。其色在赤白黃之間。假借為功。實為工。如文帝紀大紅十五日。小紅十四日。即功義。如紅女下機。即工義。

白 入

音帛。西方色也。 雪白。 明白。

旁陌切。殷人尚白。白為物之正色。故从日。日未出。平地時。其光恒白也。今吳俗語昧爽曰東方發白。又曰白晝。白日。轉注為白馬。白雪之白。引申為告白。明白之白。

蒼 平

音倉。草色也。深青色曰蒼。 蒼天。 蒼生。

千岡切。爾雅春為蒼天。言東方陽氣始發。其色蒼蒼然。故指為彼蒼。又草色之青蒼也。

藍 平

音籃。染青色也。 采藍。 藍布。

魯甘切。藍分三種。蓼藍染綠。大藍如芥染碧。槐藍如槐染青。藍者青之母也。故曰青出於藍而青於藍。

赤 入

音尺。朱深曰赤。 赤身。 赤豆。

昌谷切。南方色也。南方盛陽。民多露體者。故引申為赤體。赤足之赤。又周人尚赤。小兒初生又曰赤子。

紫 上

音此。青紅間色為紫。 紫蘇。 紫菜。

蔣氏切。紫與綠紅碧騮黃為五間色。惟紫為最佳。視之若朱而實非。故論語惡紫之奪朱。譬惡偽之亂真也。

朱 平

音珠。赤之深者曰朱。 朱顏。 楊朱。

鍾輸切。赤心木。松柏屬也。淺於絳而深於纁者曰朱。引申為朱紅之朱。段借為邾。

晳 入

音錫。人色白也。 白晳。 曾晳。

先擊切。晳與晳異義。从白者為白色之晳。从日者為明辨之晳。今誤作一字。非。

青 平

音鶄。色之出於藍者曰青。 青菜。 青蟲。

倉經切。青。生也。象物初生時色也。故人之年幼者曰青年。古者以火炙簡令汗。取其易書。復不蠹。謂之汗青。又謂之殺青。故史書亦稱青史。

黃 平

音皇。中央色也。 黃河。 黃道。

胡光切。中央土其色黃。亞州除南洋羣島及印度外。皆為黃種。又日月五星所行之道。謂之黃道。

碧 入

音筆。深青色玉類也。 碧玉。 碧綠。

兵役切。从玉石。白聲。石之青美者曰碧。青言其既青且美。如碧樹之有光澤也。又今俗呼樹之青者曰碧綠。

斑 平

音頒。駁文也。斑點。爛斑。

布還切。色雜曰斑。離騷斑陸離其上下。言色之錯雜也。故髮之色雜者亦曰斑。

玄 平

音元。天色也。元色。元妙觀。

胡涓切。黑而有赤色者為元。纁有黃色者為元。元天體故曰天元。而地黃。天徹妙不可測也。又引申為元妙之元。

黎 平

音犁。黑髮之民也。黎民。黎庶。

隣溪切。履黏也。叚借為黧。故黧民亦曰黎民。又叚為黧。故黎民為黑髮之民也。又天比明曰黎明。謂視之雖明而仍暗也。

素 去

音訴。白也。朴素。喫素。

蘇故切。物不加飾曰素。素者空而無著之謂也。故訓為素餐之素。素者又現在之謂也。故訓為素位之素。又訓謂平素之素。

縞 上

音杲。鮮色也。縞冠。縞帶。

古考切。繒之精白者曰縞。引申為縞素之縞。殷人尚白。故縞衣而養老。

盧 平

路平聲。土黑曰盧。蒲盧。

龍都切。黑色也。博棊之采。黑者曰盧。又盧田犬也。叚借為驢。如盧弓盧矢。即驢義。

絳 去

音降。大赤也。絳色。

古巷切。爾雅三染謂之纁。纁即絳也。今俗所謂大紅是也。

采 上 去

綵 彩 採

音採。物彩也。捋取也。采桑。彰采。音菜。采地。

此宰切。以五彩彰施於五色。五色相間即成彩。故彩綵皆與采通。又以手取物謂之采。故从手。引申之為採風問俗之采。又與菜通。讀倉代切。如采邑之采是。

染 上

音冉。色之後加者曰染。染坊。習染。

而檢切。五色相間為染。青黃赤黑皆由染而成。染者由白而加至黑而極。如漸染汙染之染。皆同義。

紋 平

音文。有條而不紊。謂之紋。紋理。花紋。

無分切。錦綺黼黻之文。秩然有章者曰紋。引申之凡有條理可尋者皆曰紋。

麗 去 平

音隸。美秀也。美麗。秀麗。音離。高麗。

力霽切。从丽从鹿。鹿之性見食急則必旅行。故古者麗皮為禮。蓋取夫婦並行之義。凡相並者必相坿。故叚為坿麗之麗。如日月麗乎天。百穀草木麗乎土是。又隣溪切。離也。又國名高句麗。即朝鮮國。今名為韓。

鮮 上 平

音仙。生魚曰鮮。新鮮。朝鮮。音獮。罕也之也。

相然切。鳥獸新殺者曰鮮。庶物之初長成者亦曰鮮。鮮者文明之象。悅人心目者也。故曰數見不鮮。因轉注為鮮少之鮮。讀息淺切。

緇 平

音菑。帛之黑色者曰緇。 緇衣

側持切。緇，滓也。凡色之無可再染者謂之緇。故周禮以七入為緇。世稱奉佛者為緇流，以其常服緇布之衣也。

絢 去

音眴。采成文曰絢。 絢組

許縣切。合五采而為之，其煊爛倍於常色。

黛 去

音代。可以代黑色者曰黛。 青黛 粉黛

待戴切。黑而有光者曰黛。黛，代也，言可以代黑而并使之光澤也。故女之用以畫眉者曰眉黛。

甜 平

音恬。美也，甘也。 甜糖 甜菜

餂 平 音忝。鉤取也。

徒廉切。物之甘美者曰甜。从甘舌，舌性喜甘也。古通餂，讀他點切。

鹹 平

音咸。北方味也。可以養脉。 淡鹹

胡喦切。五行水性鹹，故古人因海水之鹹，以煮鹽，所以備五味之和也。

苦 上

音⿱竹古。南方味也。可以養氣。 辛苦 窮苦

孔五切。黃藥也。其味極苦，轉注為苦菜之苦，又轉為勞苦之苦。

辣 入

音刺。辛甚曰辣。 辣茨 辣醬

盧達切。从束从辛，束住辛味而不散，則辛益甚，故云辣。俗作辢。薑桂之性，老而愈辣。

旨 上

音指。甘美也。 大旨 旨意

職雉切。味甘曰旨。甘者意所適也，故轉注為意旨之旨，又轉為詔旨之旨。今上以意諭下曰降旨，下承上意曰奉旨。

腥 平

音星。肉之未熟者曰腥。 腥氣 葷腥

桑經切。凡生肉曰腥，以其未經烹飪而猶存腥穢之氣也。腥臊之腥同。

臭 去

抽去聲。通於鼻者謂之臭。 臭味 惡臭

尺救切。臭者氣之總名。香氣穢氣皆曰臭。易「其臭如蘭」，為氣之香者言之也。禮記「如惡惡臭」，為氣之穢者言之也。今俗通以臭味為惡味。

葷 平

音薰。臭菜也，辛菜也。 葷腥 喫葷

許云切。葷，味屬辛，蔥蒜之屬皆是。俗以牛羊豕為大葷。

味 去

音未。滋味也。 有味 無味

無沸切。飲食之味也。五色由五行而生，金辛味，木酸味，水鹹味，火苦味，土甘味。

冕 上

音免。大夫以上之冠曰冕。冠冕。冕旒。

美辨切。黃帝始作冕，其制以木為幹，前後垂珠，廣八寸，長倍之，前圓後方，前下後高，有俛伏之形，故曰冕。俗謂平天冠。

弁 去

音汴。古禮冠之名。皮弁。弁冕。

毗面切。弁之為言攀也，所以攀持其髮也。古者有重禮則服之。弁以冠首，故軍中稱將校曰弁，以其為曹伍之首領也。

冠 去 平

音官。首服曰冠。冠冕。衣冠。官去聲。加冠於首曰冠。弱冠。冠軍。

沽歡切。冠所以韜髮也。从冖从元从寸。元在首也。寸有定制也。古玩切。古者二十始加冠，故二十曰弱冠。冠加衆體之上，故加出人上者皆謂之冠，如冠軍冠羣之冠是。

旒 平

音劉。垂於冕者曰旒，垂於旌旗者亦曰旒。冕旒。垂旒。

力求切。連綴兩旁者也，故綴於旌旗之兩旁者，與綴於冕之前後者，皆曰旒。旒有贅累之象，故謂物之無足重輕者為贅旒。

纓 平

音英。冠系曰纓。帽纓。纓冠。

於京切。纓以二組為之，上連冠武，下結於頤下。又飾車馬之革也，削革而塗以采，纏諸馬膺，謂之游纓。飾諸車則曰繁纓。今俗謂冠頂之朱絲曰纓。

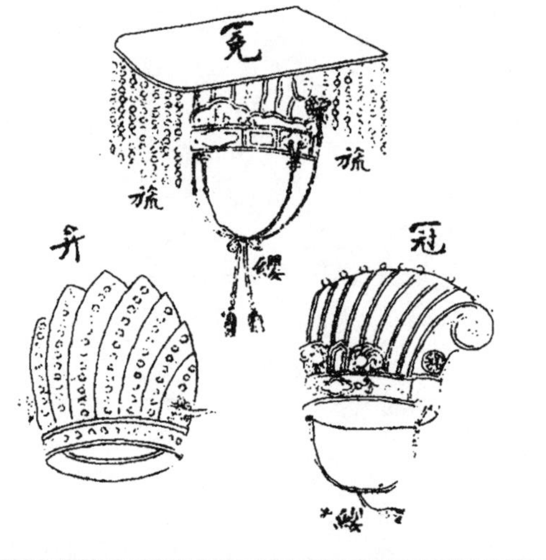

冕　旒　旒　弁　冠　纓　纓

帽 去

音䘢。常服之冠曰帽。帽子。衣帽。

莫報切。頭衣也。古者有冠而無帽，惟小兒及蠻夷用之。帽冒也，所以冒首也。今稱朝冠曰朝帽，公服之冠曰緯帽，常服之冠曰小帽，其制則有涼暖之別。

笠 入

音力。冠之四敞者曰笠。簦笠。蒻笠。

力入切。笠所以禦暑雨也。以竹為之者，有柄曰簦，無柄曰笠。以蒻為之者曰斗笠。

衣 去 平

音依。所以蔽體者曰衣。衣裳。依去聲。著衣曰衣。

於希切。人所被服也。上曰衣，下曰裳。於既切。被衣於身也。

服 入

音伏。衣裳曰服。服其衣裳即曰服。華服。服勞。

房六切。夾舟之木也。引申之，夾轅之馬曰服馬，夾身之衣曰衣服。馬與衣皆為人之所用，故用物曰服用，為人所用曰服事。段借為佩服之服。古分天下為五服，言皆服從王化者也。

衮 上

音滚 王公之祭服曰衮 龍衮 衮衣

古本切 衮繡衣也 其制卷龍繡於下幅 一龍蟠阿上向 為天子享先王所服 餘惟上公始得服之 故从衣从公

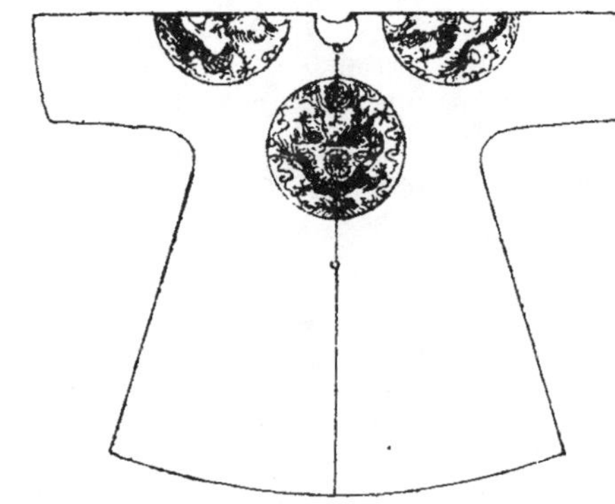

裘 平

音求 皮衣曰裘 狐裘

求 渠尤切 取獸皮以製衣謂之裘 古文象形 古者裘皆外毛也

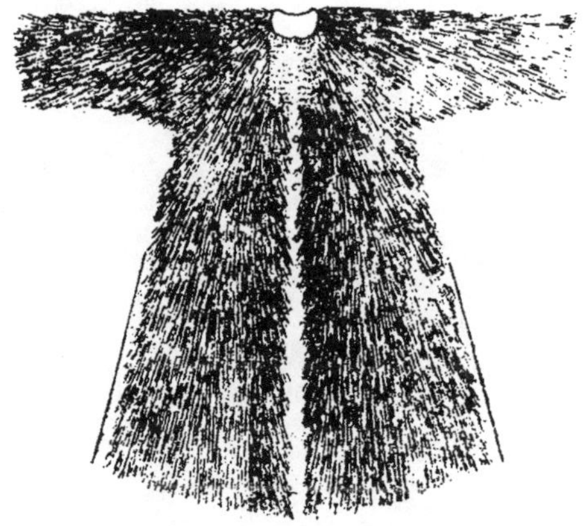

袍 平

音鞄 表衣曰袍 蟒袍 袍套

蒲衮切 長襦也 衣之下及跗者曰袍 袍苞也 所以為内衣之苞也 今稱共事之人曰同袍 本詩與子同袍之義 謂情誼交孚 有輕裘與共之義者也

衫 平

音杉 單衣曰衫 汗衫 藍衫

師銜切 中衣也 又為衣之通稱 今稱單袷之表衣曰衫

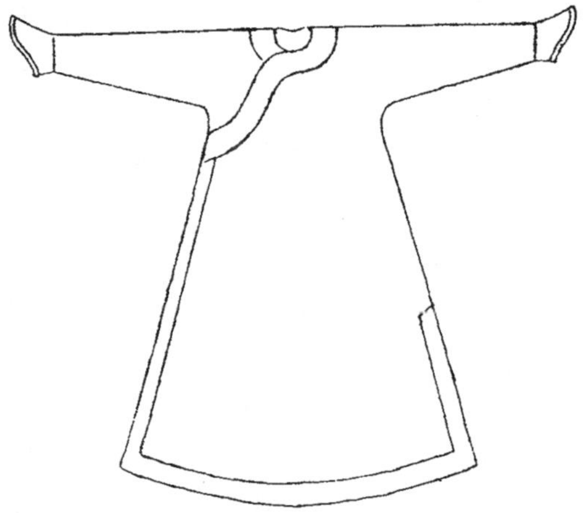

袷 入

音夾 夾衣曰袷 單袷

音刼 領衣曰袷 曲袷

訖洽切 衣有表裏而不著絮謂之袷 居怯切 交領也 禮視不上於袷 言視人者視其領而止 不注目相對也

襯 去

音櫬 著身之衣曰襯 襯衫 陪襯

初覲切 襯小衣也 襯為外衣之藉 故藉亦謂之襯 如襯墊 襯託是

褻 入

音薛 親狎曰褻 褻衣 褻瀆

先結切 褻中衣也 引申之 晏居之服曰褻服 親而不敬曰褻狎

襲 入

音習 重衣曰襲 襲裘 鈔襲

席入切 襲重也 衣上下具曰一襲 重疊之衣曰襲 凡鈔襲世襲皆以重為義 又掩人之不備而取之曰襲

衲 入

音納。僧衣曰衲。百衲。破衲。

奴答切。補紩也。今稱僧衣為衲，因為集紩所成也。

褐 入

音曷。毛布之衣曰褐。短褐。氈褐。

何葛切。褐以獸毛為之，而與氈異。氈椎結而成，褐則織為布也。引申之以褐製衣亦謂之褐。

襟 平 衿

音金。交衽曰襟。披襟。聯襟。

居吟切。襟，禁也，交於前，所以禁禦風寒也。襟當胸前，故胸懷亦曰襟懷。俗作衿。

衽 去

音妊。衣襟曰衽。左衽。斂衽。

如鴆切。衣裳之幅相交接處也。故凡合縫之處皆曰衽。

袂 去

音櫗。衣袖曰袂。把袂。投袂。

彌蔽切。

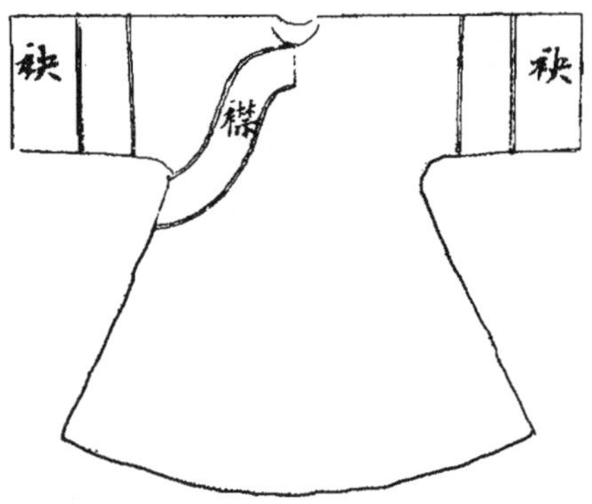

褎 去 袖

音岫。衣之容手處曰袖。

音狖。盛也。

似救切。袂也。又余救切。盛飾也。袂所以為飾，故謂盛飾為褎。又引申之凡盛曰褎。如詩實種實褎是。

蓑 平

音莎。草衣曰蓑。披蓑。蓑笠。

穌和切。析草為衣，所以禦雨也。

裳 平

音常。下服曰裳。冠裳。衣裳。

陳羊切。裳，下裠也。天子之裳繡，宗彝藻火粉米黼黻，衣則繪，裳則繡也。今朝服中有朝裙，猶有裳之遺意。

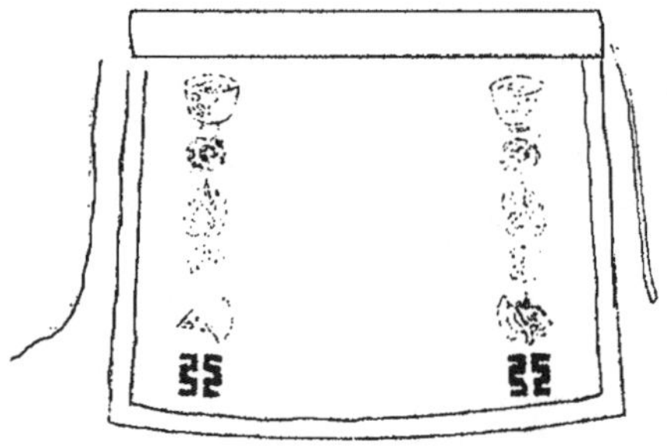

幅 入

音福。布帛之廣也。一幅。邊幅。

方六切。布帛廣二尺二寸為幅。引申為幅員之幅，謂地之寬廣處也。又申為邊幅之幅，言人宜不越規矩，猶布帛之不失尺寸也。

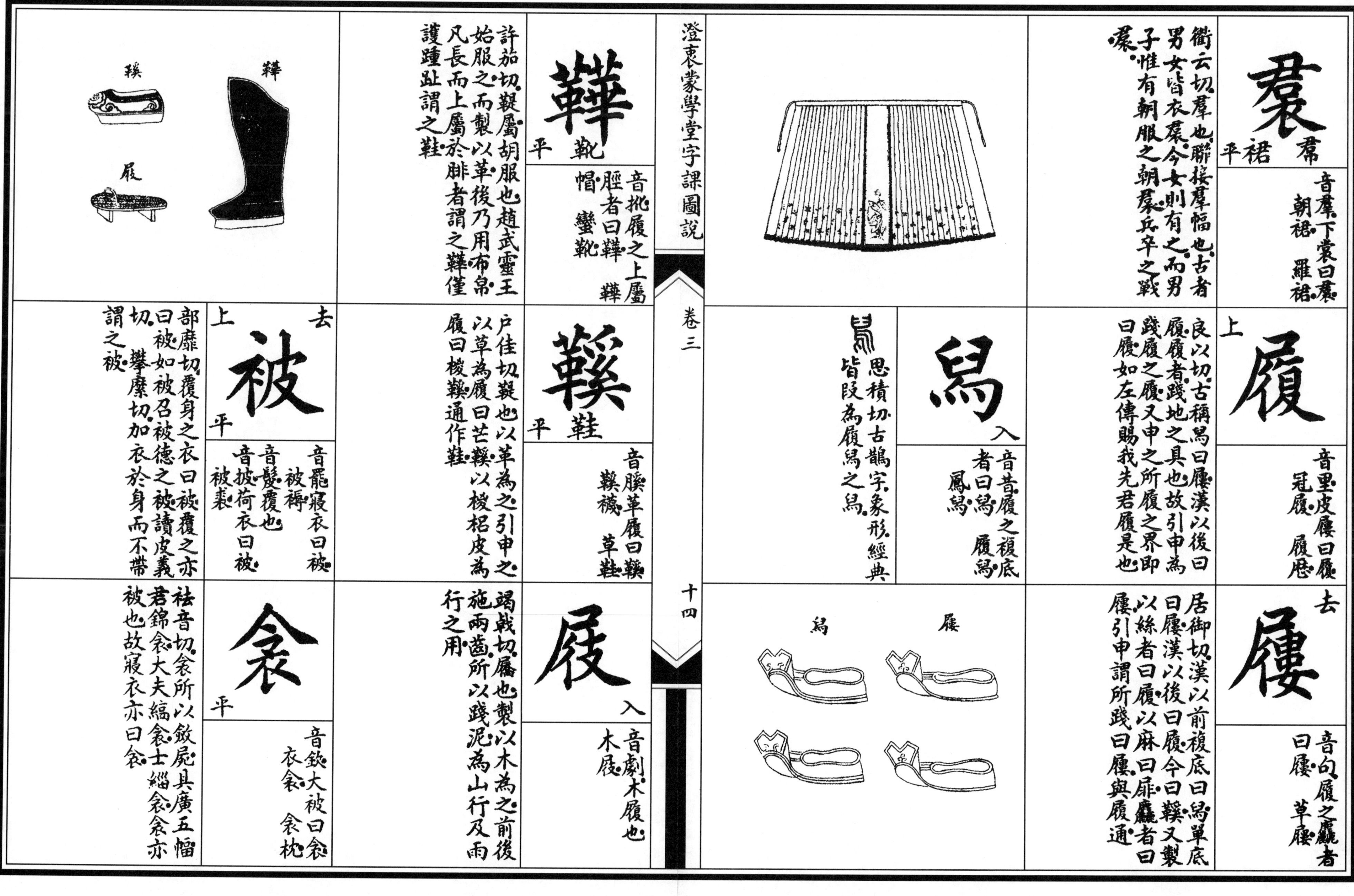

裠 帬 平 裙

音羣。下裳曰裠。朝裙　羅裙

衢云切。羣也，聯接羣幅也。古者男女皆衣裠，今女則有之，而男子惟有朝服之朝裠、兵卒之戰裠。

履 上

音里。皮屨曰履。冠履　履歷

良以切。古稱舄曰屨，漢以後曰履。履者，踐地之具也，故引申為踐履之履，又申之所履之界，即曰履，如左傳賜我先君履是也。

舄 入

音昔。履之複底者曰舄。履舄　鳳舄

思積切。古鵲字，象形。經典皆叚為履舄之舄。

屨 去

音句。履之麤者曰屨。草屨

居御切。漢以前複底曰舄，單底曰屨；漢以後曰履，今曰鞵。又製以絲者曰履，以麻曰扉，麤者曰屨。引申謂所踐曰屨，與履通。

鞾 平 靴

音靴。履之上屬脛者曰鞾。鞾帽　蠻靴

許茄切。鞮屬，胡服也。趙武靈王始服之，而製以革，後乃用布帛，凡長而上屬於腓者謂之鞾。鞾僅護踵趾謂之鞋。

鞵 平 鞋

音膎。革履曰鞵。鞵襪　草鞋

戶佳切。鞮也。以革為之，引申之以草為履曰芒鞵，以椶梠皮為履曰椶鞵，通作鞋。

被 上 去 平

音罷。寢衣曰被。被褥

音髲。覆也

音披。荷衣曰被。被裘

部靡切。覆身之衣曰被，覆之亦曰被，如被召、被德之被，讀皮義切。攀縻切，加衣於身而不帶謂之被。

屐 入

音劇。木履也。木屐

竭戟切。屩也。製以木為之，前後施兩齒，所以踐泥，為山行及雨行之用。

衾 平

音欽。大被曰衾。衣衾　衾枕

祛音切。衾所以斂尸，具廣五幅，君錦衾，大夫縞衾，士緇衾。衾亦被也，故寢衣亦曰衾。

褥 入

音辱。茵也。坐褥。褥子。

如欲切。藉也。藉之以坐者，在車曰茵，在席曰褥。藉之以卧者，寢衣之類，所覆曰被，所藉曰褥。

佩 去 珮

音悖。玉之垂於帶者曰佩。玉佩。佩服。

步昧切。古者以玉為佩，天子佩白玉，諸侯佩山元玉，大夫佩水蒼玉，世子佩瑜玉，士佩瓀玟。佩無故不去身，故引申為佩服之佩，示斯須勿忘之意也。

巾 平

音神。佩巾也。手巾。巾箱。

居銀切。从冂，丨象系也。佩巾本以拭汗，後人以之裹首，謂之幘巾。

帨 去

音稅。女子之佩巾曰帨。綵帨。

輸芮切。巾也。古者女子生則設帨於門右，以示事人之意。蓋巾為通稱，故帨亦曰巾。帨為女子所獨用，故巾不能稱帨也。

帕 入

音怕。手巾曰帕。手帕。
音陌。首巾曰帕。帕首。

普駕切，又莫白切。巾也。佩之曰手帕，纏諸首曰首帕，亦謂之抹額，軍服也。以紅綃為之，猶巾之為幘也。

黼 上

音甫。白與黑相次為文曰黼。黼座。黼黻。

匪父切。黼文如斧形，色半白黑。白其刃，黑其身，繡之於裳，或畫之於扆，所以示有斷制也。黼黻所以為文飾，故假為文飾之義，如黼黻昇平是。

黻 入 芾

音弗。黑與青相次成文曰黻。黻冕。黻珽。

分物切。黻文作亞，如兩己相背，色以青黑，繡之於裳，或於冕，示有辨別也。又韍韠曰黻，蔽膝也。

紳 平

音申。大帶之垂者曰紳。書紳。紳士。

升人切。以帶束腰，垂其餘以為飾，謂之紳。紳為在位者之服，故稱士大夫曰縉紳先生，今稱在任之官曰官，在鄉里之官曰紳，義本此。

綬 上

音受。繫印之組曰綬。璽綬。綬帶。

是酉切。綬，受也，所以承受印環也。秦廢韍佩，乃以采組為綬，長一尺二寸，廣三尺，後遂為職官之章服。

組 上

音祖。織絲曰組。織成如綬者亦曰組。組紃。

總五切。組紃皆綬屬，今所謂絛也。薄闊者為組，似繩者為紃。組之小者，古以為冠冕之纓。

緣 去 平

音願。衣之邊飾曰緣。 緣飾。
音沿。事之所因曰緣。 因緣。

余絹切。衣純也。緣在衣領袂口者曰純。在裳側者曰綼。其下者曰緆。在冠者曰紕。在屨者亦曰純。皆緣也。俗所謂花邊、繡邊是也。引申之。飾緣於衣亦曰緣。因謂凡循行者曰緣。 余專切。因也。引申為夙緣、緣分之緣。

鈕 上

音狃。聯物之環曰鈕。 樞鈕。 鈕扣。

女九切。印鼻也。印鼻有環可鉤連。以為佩。故凡鉤環相屬處皆曰鈕。如窗鈕、衣鈕等是。衣鈕亦曰鈕扣。所以聯固衣襟也。

幣 去

音弊。繒之繡者謂之幣。 幣帛。 錢幣。

毗祭切。凡玉馬之衣、圭璧之帛皆曰幣。皆繡帛也。 段借為幣。幣者泉貨之總名。所以通貨物易有無者也。經傳皆以幣為之。

帛 入

音白。繒之厚者謂之帛。 玉帛。

薄陌切。繒幣帛皆以絲為之。繒者為幣帛之總稱。幣帛之分。則幣文而帛質也。古皆以為贈勞賓客及薦玉之用。

綾 平

音陵。繒之薄者曰綾。 綾紈。 素綾。

力膺切。綾文繒也。質細而薄。故東齊謂布帛之細者皆曰綾。

羅 平

音蘿。繒屬之疏者曰羅。 綾羅。 張羅。

郎何切。以絲罟鳥謂之羅。其目甚疎。故引申之謂帛文之疎者為羅。又為羅列、羅致之羅。言所得者多。猶張羅而取之也。

綢 平

音儔。以蠶絲織成者曰綢。 紡綢。 綢繆。

陳留切。綢者緜密周緻之意。後世以繒帛之類為綢。亦以其細密也。引申謂情之親密者為綢繆。

絹 去

音狷。生帛曰絹。 畫絹。 羅絹。

規掾切。繒之屬以熟絲為之。絹之屬則以生絲為之。比繒較厚而疏。

紗 平

音沙。絹屬之輕者曰紗。 縐紗。 紡紗。

師加切。凡絲已紡而成者謂之紗。故織紗成帛。即以紗名。紗之縐者曰縠。縠之輕者曰紗。其成皆以蠶絲。今別有以棉紗織成者。謂之紗布。

錦 去

音噤。五色絲織成文章者曰錦。 織錦。 錦匣。

居飲切。錦者襄五色以成文者也。錦繡之類皆足以飾物之觀瞻。故喻人物之美者。多以錦繡為喻。如錦心繡口、錦繡河山是也。

布 去

音怖。以植物之絲織成者曰布。 布施。 織布。

博故切。古者以麻紵葛為布。今多以木棉為之。凡言布者皆取絲於植物者也。 段借為施布、展布之布。布者敷行之意。故古時貨幣之名。藏者曰泉。行者曰布。

縐 去

音皺。絺之細者曰縐。 縐布。 湖縐。

側救切。絺者以葛為之。其精尤細靡者則謂之縐。縐者蹙也。言纖縷之蹙密也。故吳中稱浙湖所織絲綢曰湖縐。亦曰縐紗。

絨 狨 平

音戎。以毛織成之布曰絨。 絲絨。 絨線。

而中切。絨狨二字通用。狨寓屬獸名。其毛柔軟。可以為布。故亦謂之絨。因亦稱細布為絨也。

綸 平

音倫。青絲綬也。 絲綸。 綸音。

龍春切。綬屬也。秦漢百石官佩綸。非經緯織成。但合青絲繩辮糾之。所謂宛轉繩也。綸之言倫。言其作之有倫序。故引申為經綸之綸。又禮王言如絲。其出如綸。後世因稱君言曰綸。亦曰綸綍。皆有條不紊之意也。

緡 平

音民。絲繩也。 緡錢。

彌鄰切。釣魚之繁也。以絲為之。江東謂貫錢繩曰緡。亦段為緜。如緡蠻是。

縷 上

音僂。綫也。 絲縷。 縷述。

力主切。凡麻葛絲之綫皆曰縷。引申為覶縷之縷。謂宛轉委曲。若絲縷之柔而不絕也。

絲 平

音思。蠶所吐也。 新絲。 絲竹。

新茲切。蠶吐絲而成繭。蠶者復抽繭出絲以織衣服。絲以中國為最良。故今為出口之大宗焉。八音之一為絲聲。以琴瑟之類皆以絲為弦。故云。 又量名。十忽為絲。十絲為氂。今稱物至微者為一絲。則極言其細也。

緜 綿 平

音眠。絮之精者曰緜。 纏緜。 緜絮。

莫堅切。凡絮麤者曰絮。精者曰緜。緜从帛系會意。謂帛絲之細而連系不絕者也。通作綿。絲細必密。故引申為綿密。纏綿之綿。細又近弱。故引申為綿薄之綿。絲連必長。故引申為綿長之綿。

絮 去

音稰。緜之麤者曰絮。 絲絮。 緜絮。

息據切。絮劣於緜。今以新絮為緜。舊緜為絮。俗謂緜絮之類為衣胎。謂裝於衣中者也。近多以棉花彈和裝衣者。謂之棉絮。

棉 平

音緜。植物之花可以為布者曰棉。 木棉。 棉花。

彌延切。木棉有草木二本。木本出交趾等處。樹高丈餘。中國罕有其種。今江南所植。皆草本也。亦名吉貝。以春二三月下種。至秋生黃花。結實。及熟時其皮四裂。其中綻出如綿。緝以為布。行消甚廣。產美洲者尤良。

葛 入

音割。草之可為絺綌者曰葛。 葛衣。 瓜葛。

居曷切。葛有野生家生二種。其蔓延長。取治可作絺綌巾屨之服。其根可以療病。葛與瓜並為引蔓纏繞之草。故引申謂事之煩繞者曰糾葛。屬之緜遠者曰瓜葛。

纊 去

音曠。綿也。 絖纊。 纊繒。

苦謗切。

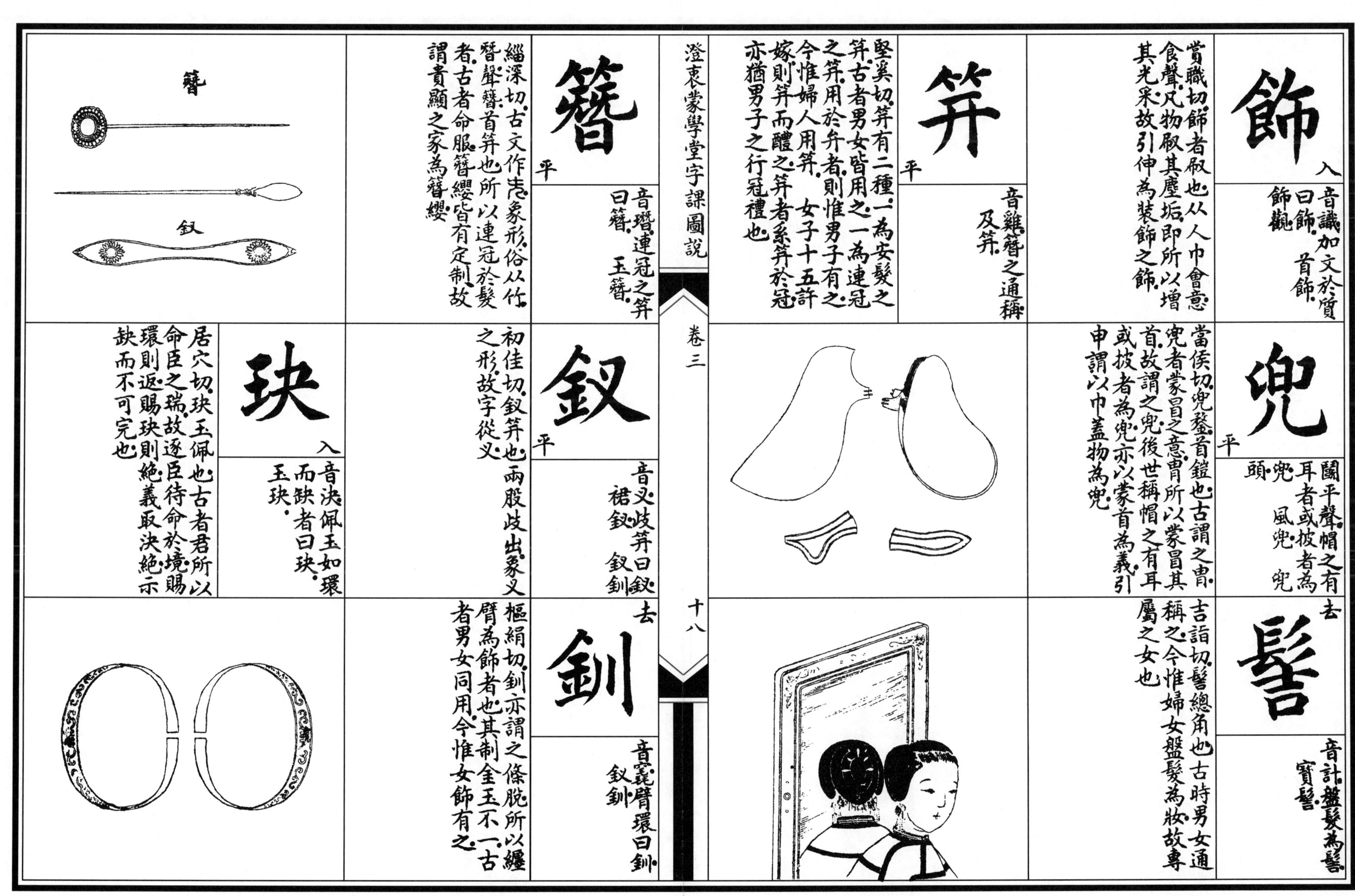

飾 入

音識　加文於質曰飾。首飾。飾觀。

賞職切。飾者馭也。从人巾會意。食聲。凡物馭其塵垢，即所以增其光采，故引伸為裝飾之飾。

笄 平

音雞　簪之通稱。及笄。

堅奚切。笄有二種，一為安髮之笄，古者男女皆用之；一為連冠之笄，用於弁者，則惟男子有之。今惟婦人用笄。女子十五許嫁則笄而醴之。笄者系笄於冠，亦猶男子之行冠禮也。

兜 平

音闘平聲　帽之有耳者或披者為兜。風兜。兜頭。

當侯切。兜，鍪首鎧也。古謂之冑。兜者蒙冒之意。冑所以蒙冒其首，故謂之兜。後世稱帽之有耳或披者為兜，亦以蒙首為義。引申謂以巾蓋物為兜。

髻 去

音計　盤髮為髻。寶髻。

吉詣切。髻，總角也。古時男女通稱之。今惟婦女盤髮為妝，故專屬之女也。

簪 平

音讚　連冠之笄曰簪。玉簪。

緇深切。古文作兂，象形，俗从竹。朁聲。簪首笄也，所以連冠於髮者。古者命服簪纓皆有定制，故謂貴顯之家為簪纓。

釵 平

音叉　歧笄曰釵。裙釵。釵釧。

初佳切。釵，笄也。兩股歧出，象叉之形，故字從叉。

玦 入

音決　佩玉如環而缺者曰玦。玉玦。

居穴切。玦，玉佩也。古者君所以命臣之瑞。故逐臣待命於境，賜環則返，賜玦則絕，義取決絕，示缺而不可完也。

釧 去

音竄　臂環曰釧。釵釧。

樞絹切。釧亦謂之條脫，所以纏臂為飾者也。其制全玉不一，古者男女同用，今惟女飾有之。

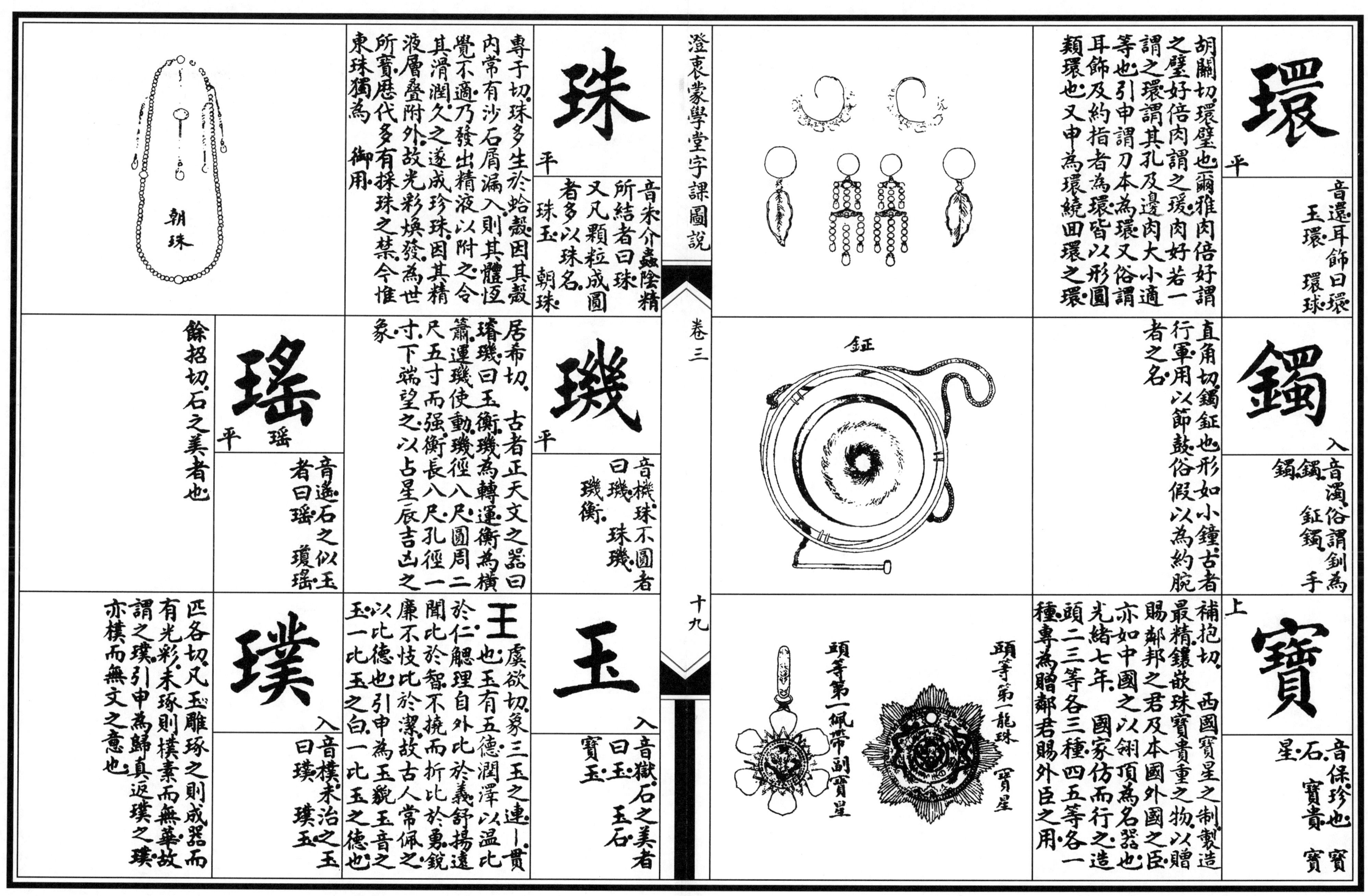

環

平

音還。耳飾曰環。玉環。環球。

胡關切。環，璧也。爾雅肉倍好謂之璧，好倍肉謂之瑗，肉好若一謂之環。謂其孔及邊肉大小適等也。引申謂刀本為環。又俗謂耳飾及約指者為環，皆以形圓類環也。又申為環繞、田環之環。

鐲

入

音濁。俗謂釧為鐲。鉦鐲。手鐲。

直角切。鐲，鉦也。形如小鐘，古者行軍用以節鼓。俗假以為約腕者之名。

鉦

寶

上

音保。珍也。寶石。寶貴。寶星。

補抱切。西國寶星之制，製造最精，鑲嵌珠寶貴重之物，以贈賜鄰邦之君及本國外國之臣。亦如中國之以翎頂為名器也。光緒七年，國家仿而行之，造頭二三等各三種，四五等各一種，專為贈鄰君、賜外臣之用。

頭等第一龍珠寶星

頭等第一佩帶副寶星

珠

平

音朱。介蟲陰精所結者曰珠。又凡顆粒成圓者多以珠名。珠玉。朝珠。

專于切。珠多生於蛤殼，因其殼內常有沙石屑漏入，則其體恆覺不適，乃發出精液以附之，令其滑潤，久之遂成珍珠。因其精液層疊附外，故光彩煥發，為世所寶。歷代多有採珠之禁，今惟東珠獨為御用。

朝珠

璣

平

音機。珠不圓者曰璣。珠璣。璣衡。

居希切。古者正天文之器曰璿璣，曰玉衡。璣為轉運，衡為橫簫，運璣使動。璣徑八尺，圓周二尺五寸而強。衡長八尺，孔徑一寸，下端望之，以占星辰吉凶之象。

玉

入

音獄。石之美者曰玉。玉石。寶玉。

王　虞欲切。象三玉之連，丨貫也。玉有五德：潤澤以溫，比於仁；鰓理自外，比於義；舒揚遠聞，比於智；不撓而折，比於勇；銳廉不技，比於潔。故古人常佩之以比德也。引申為玉貌、玉音之玉，一比玉之白，一比玉之德也。

瑤

平　瑤

音遙。石之似玉者曰瑤。瓊瑤。

餘招切。石之美者也。

璞

入

音樸。未治之玉曰璞。璞玉。

匹各切。凡玉雕琢之則成器而有光彩，未琢則樸素而無華，故謂之璞。引申為歸真返璞之璞，亦樸而無文之意也。

璋 平

音章。半圭為璋。圭璋　弄璋。

諸良切。剡上為圭，半圭則為璋。古者生男子則弄之璋，明其溫潤，玉比德也。故後世謂生子為弄璋。

璧 入

音辟。玉之琢而圜者曰璧。圭璧。

必歷切。璧，瑞玉也。圜以象天。爾雅肉倍好謂之璧，謂邊大孔小也。引申為璧人之璧，猶言其人如玉耳。

琉 平

音留。似石而具十色者為琉璃。琉璃廠　琉球。

力求切。琉璃亦作流離，言其流光陸離。本質似石，具赤白黃黑青綠縹紺紅紫十色，光彩踰於衆玉。意大利、印度等處產之，此真琉璃也。今俗所用者則消冶石灰，以藥點而成之，實玻璃類也。

珍 平

音真。物之可貴者曰珍。珍寶　珍重。

陟鄰切。

珊 平

音刪。海底微蟲所結成者為珊瑚，可以刻琢為器，世所寶貴。珊瑚蟲。

師姦切。珊瑚古以為石或樹類，此臆說也。泰西格致家考得此物實為一種微蟲所結而成，先成白色之質，其形或如菌，或如背陰草，或如小樹，其質硬，內多小孔，每孔內皆有小蟲，乃此蟲在海水內或海底之土石內取料凝結成珊瑚質，積數百年，能從海底高至海面，其質內多含石灰，行船撞之最為危險。漸有植物質生於其面而成海島，即謂之珊瑚島。太平洋中此島甚多。

珊瑚

珊瑚蟲

瑚 平

音胡。珊瑚也。又殷代盛黍稷之玉器曰瑚。

洪孤切。

瑜 平

音俞。玉之美者。瑾瑜。

雲俱切。

瑕 平

音遐。玉有釁曰瑕。微瑕　瑕瑜。

何加切。瑕，玉小赤也。如赤瑕、瑕英等，是皆美玉之赤者。引申之謂白玉之有釁者為瑕，以白為玉之正色，有釁則不純也。

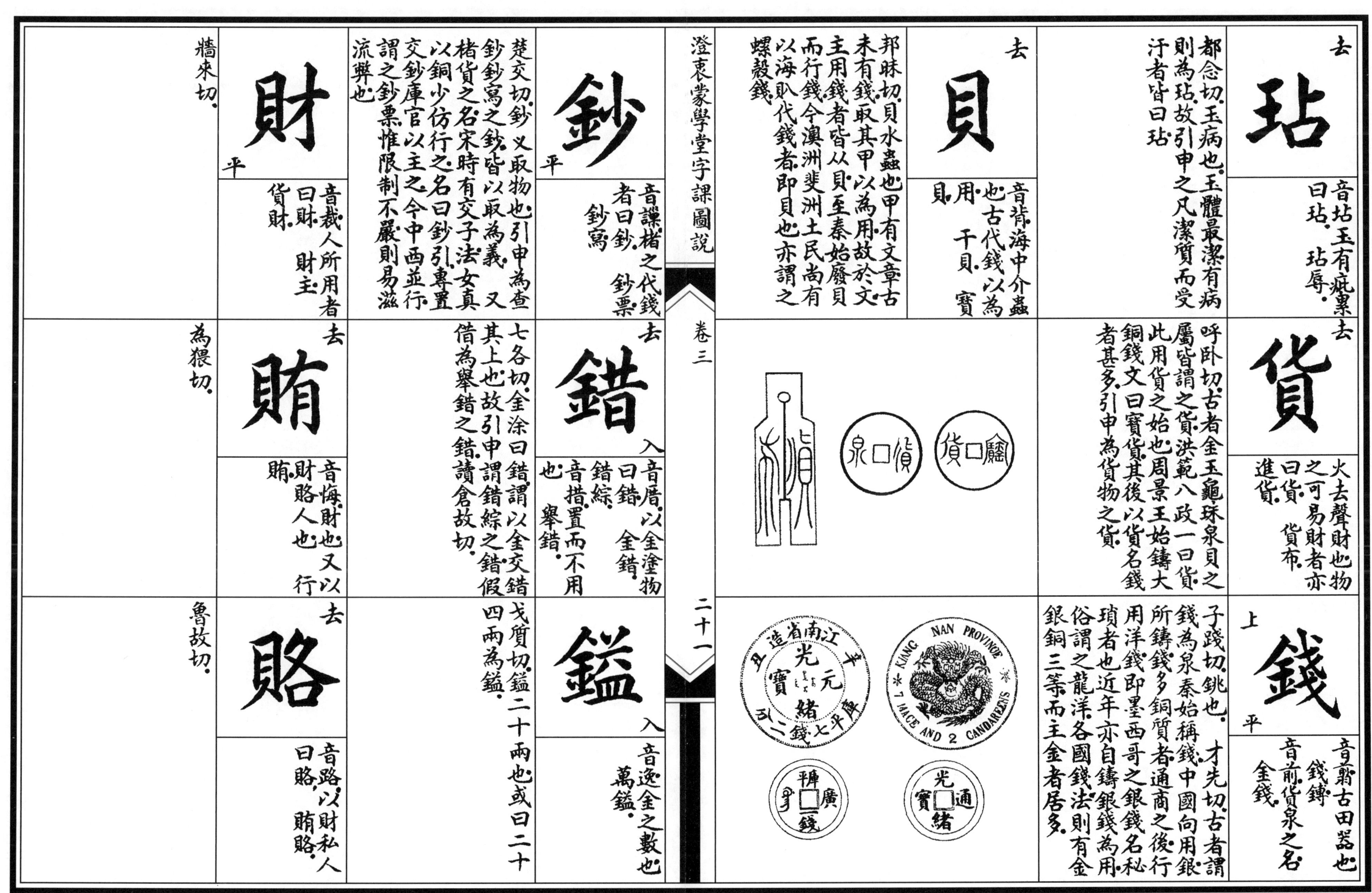

玷 去

音玷。玉有疵累曰玷。玷辱。

都念切。玉病也。玉體最潔，有病則為玷。故引申之，凡潔質而受汙者皆曰玷。

貝 去

音背。海中介蟲也。古代錢以為用。干貝。寶貝。

邦昧切。貝，水蟲也。甲有文章。古未有錢，取其甲以為用。故於文主用錢者皆从貝。至秦始廢貝而行錢。今澳洲、斐洲土民尚有以海𧴩代錢者，即貝也，亦謂之螺殼錢。

貨 去

火去聲。財也。物之可易財者亦曰貨。進貨。貨布。

呼卧切。古者金玉龜珠泉貝之屬皆謂之貨。洪範八政一曰貨，此用貨之始也。周景王始鑄大銅錢，文曰寶貨。其後以貨名錢者甚多。引申為貨物之貨。

錢 上 平

上：音翦。古田器也。錢鎛。

平：音前。貨泉之名。金錢。

子踐切。銚也。才先切。古者謂錢為泉，秦始稱錢。中國向用銀，所鑄錢多銅質者。通商之後，行用洋錢，即墨西哥之銀錢，名秘瑣者也。近年亦自鑄銀錢為用，俗謂之龍洋。各國錢法則有金銀銅三等，而主金者居多。

鈔 平

音譟。楮之代錢者曰鈔。鈔票。鈔寫。

楚交切。鈔，叉取物也。引申為查鈔、鈔寫之鈔，皆以取為義。又楮貨之名，宋時有交子法，女真以銅少，仿行之，名曰鈔引，專置交鈔庫，官以主之。今中西並行，謂之鈔票，惟限制不嚴，則易滋流弊也。

財 平

音裁。人所用者曰財。財主。貨財。

牆來切。

錯 去 入

入：音厝。以金塗物曰錯。金錯。錯綜。

去：音措。置而不用也。舉錯。

七各切。金涂曰錯，謂以金交錯其上也。故引申謂錯綜之錯。假借為舉錯之錯，讀倉故切。

賄 去

音悔。財也。又以財賂人也。行賄。

為猥切。

鎰 入

音逸。金之數也。萬鎰。

戈質切。鎰二十兩也。或曰二十四兩為鎰。

賂 去

音路。以財私人曰賂。賄賂。

魯故切。

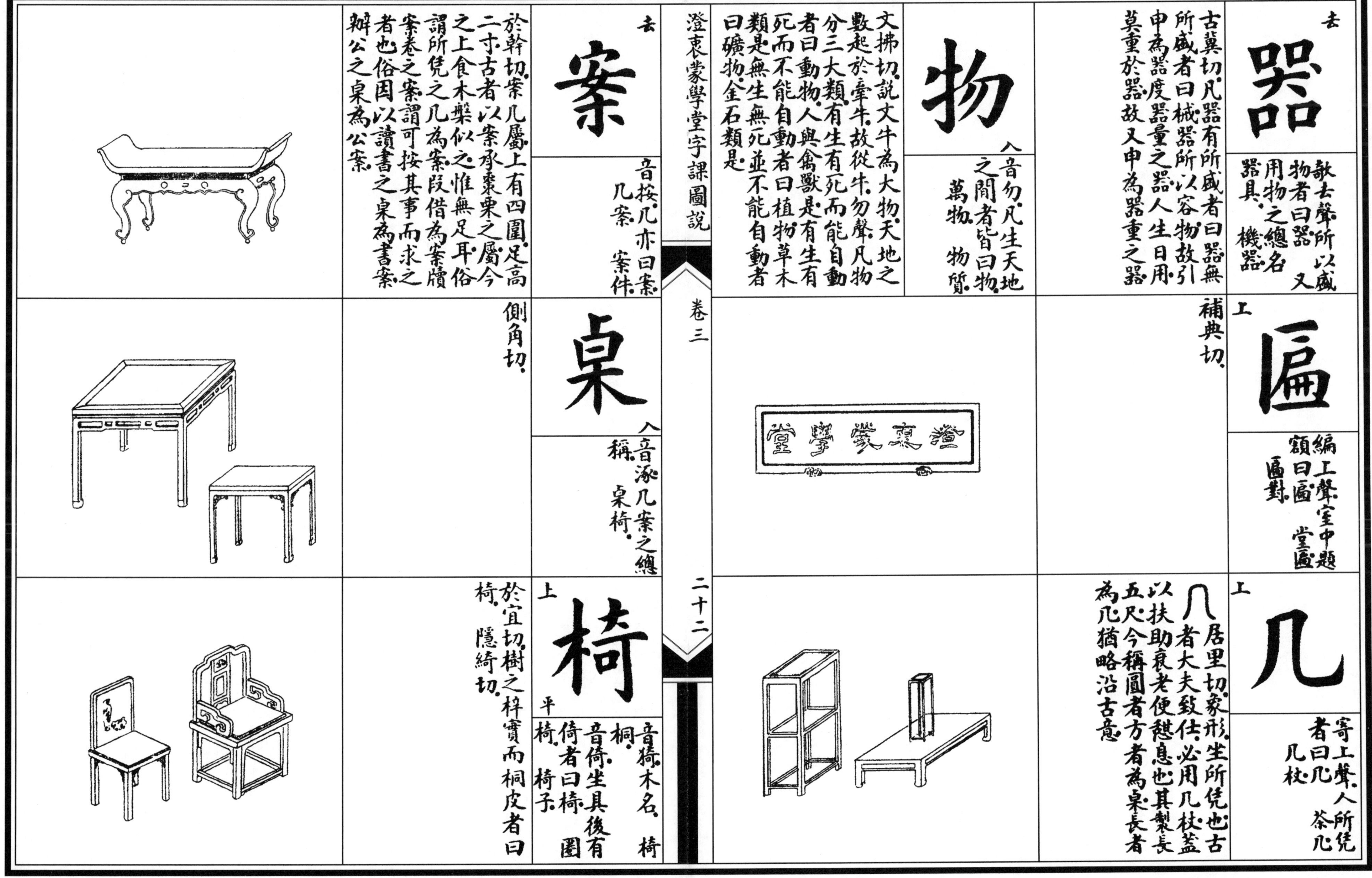

器 去

古冀切。凡器有所盛者曰器。無所盛者曰械。器所以容物，故引申為器度、器量之器。人生日用莫重於器，故又申為器重之器。

𢿛去聲。所以盛物者曰器。又用物之總名。器具。機器。

物 入

文拂切。說文：牛為大物，天地之數起於牽牛，故從牛，勿聲。凡物分三大類：有生有死而能自動者曰動物，人與禽獸是；有生有死而不能自動者曰植物，草木類是；無生無死並不能自動者曰礦物，金石類是。

音勿。凡生天地之間者皆曰物。萬物。物質。

匾 上

補典切。

編上聲。室中題額曰匾。堂匾。匾對。

几 上

居里切。象形。坐所凭也。古者大夫致仕，必用几杖，蓋以扶助衰老，便憩息也。其製長五尺。今稱圓者、方者為桌，長者為几，猶略沿古意。

寄上聲。人所凭者曰几。茶几。几杖。

案 去

於幹切。案，几屬，上有四圍，足高二寸。古者以案承棗栗之屬，今之上食木槃似之，惟無足耳。俗謂所凭之几為案，段借為案牘、案卷之案。謂可按其事而求之者也。俗因以讀書之桌為書案，辦公之桌為公案。

音按。几亦曰案。几案。案件。

桌 入

側角切。

音涿。几案之總稱。桌椅。

椅 上 平

於宜切。樹之梓實而桐皮者曰椅。隱綺切。

音猗。木名。椅桐。

音倚。坐具後有倚者曰椅。圈椅。椅子。

凳 去

音鐙。几屬，人所坐者。橙凳。鼓櫈。

丁鄧切。

牀 平 床

狀平聲。人所臥者曰牀。鐵牀。牀榻。

助莊切。牀俗作床。臥具也。人臥則安。故引申之，凡可以安物者多以牀名。如凷牀、墨牀等是。

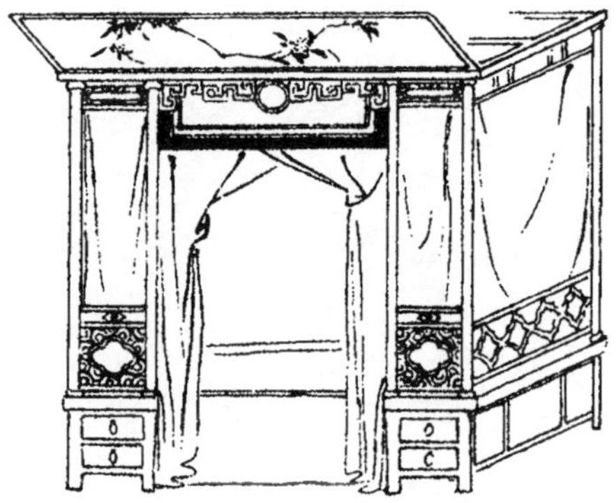

榻 入

音塌。牀之狹而長者曰榻。臥榻。羅漢榻。

託甲切。

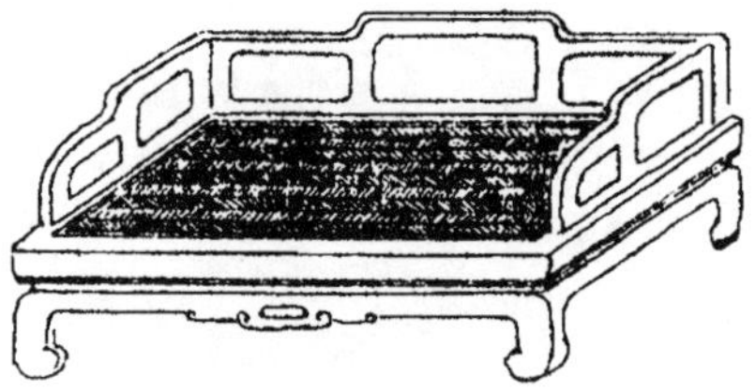

炕 上

音抗。北地煖牀曰炕。火炕。炕牀。

口浪切。北地以土為牀。冬日苦寒。空其下以舉火。名之曰炕。今他處以木為之。亦曰炕牀。

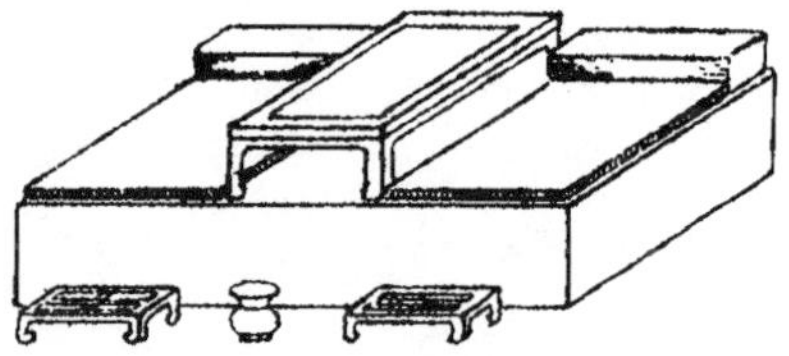

枕 上

斟上聲。臥以薦首者曰枕。枕席。欹枕。

章荏切。睡必用枕。使首略高於身。則血不注於首。而無頭疼之患也。

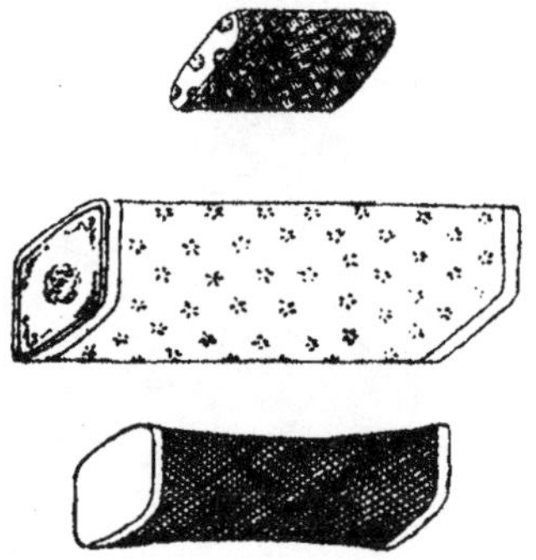

席 入

音夕。坐臥之具。竹席。席上。

祥亦切。席，藉也。所以藉物者也。古者筵席之分。初在地一重謂之筵。重在上者謂之席。又設之曰筵。坐之曰席。今施於床以臥人者亦曰席。

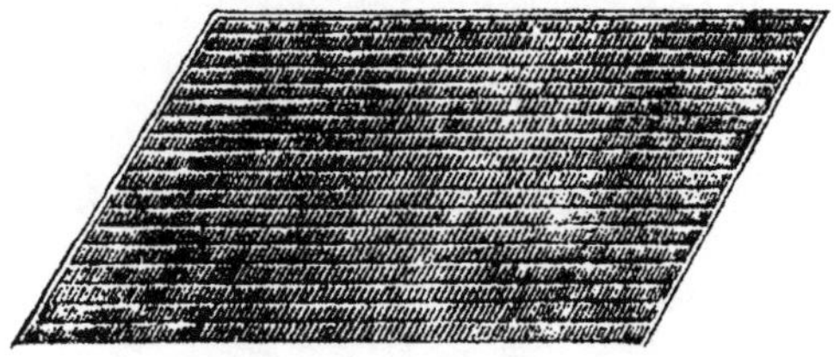

炕

枕

席

凳

牀

榻

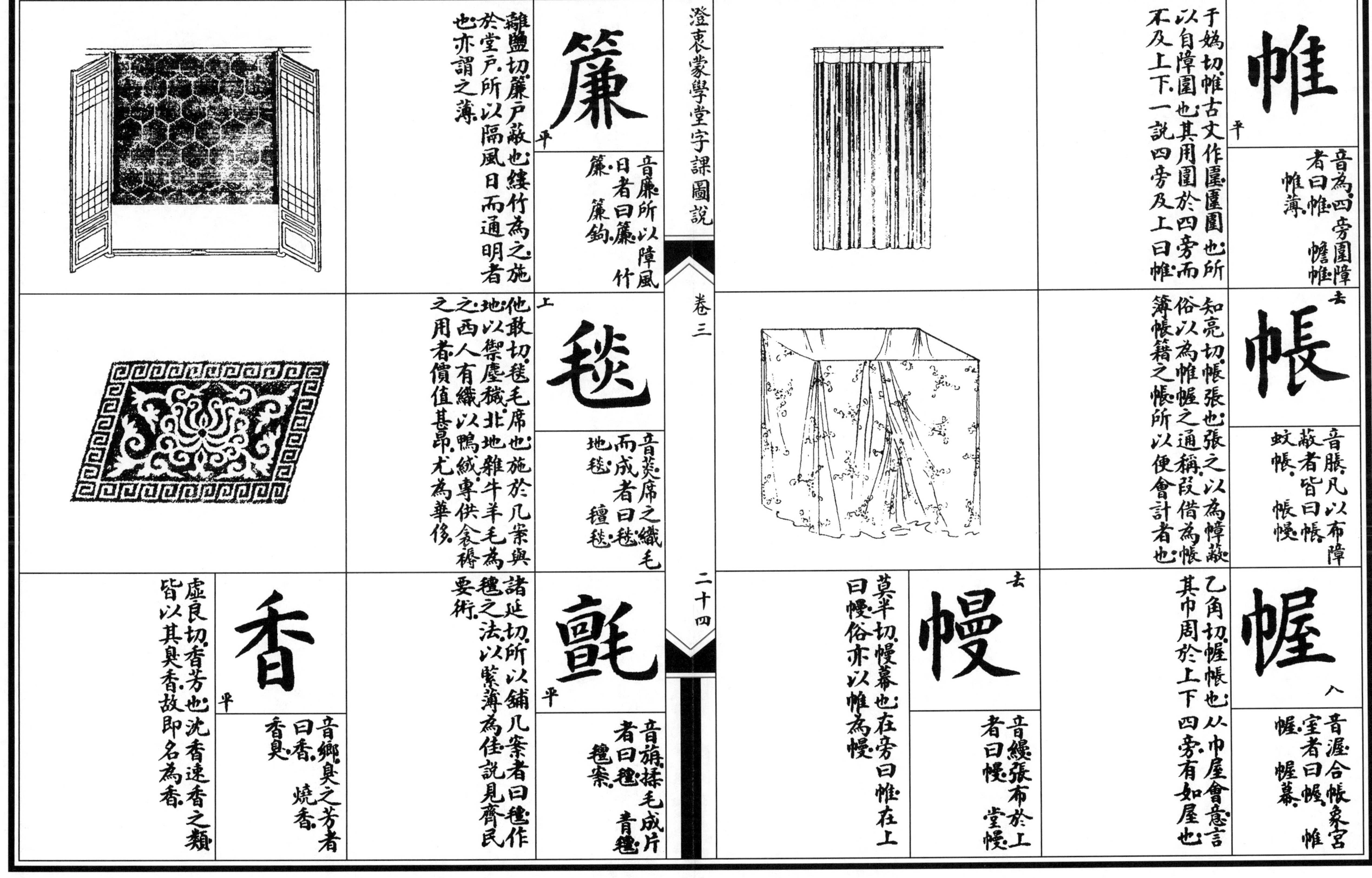

帷 平

音為。四旁圍障者曰帷。幨帷。帷薄。

于媯切。帷古文作匱。匱，圍也。所以自障圍也。其用圍於四旁而不及上下。一說四旁及上曰帷。

帳 去

音脹。凡以布障蔽者皆曰帳。帳幔。蚊帳。

知亮切。帳，張也。張之以為幬蔽，俗以為帷幄之通稱。段借為帳簿，籍之帳，所以便會計者也。

幄 入

音渥。合帳象宮室者曰幄。帷幄。幄幕。

乙角切。幄，帳也。从巾屋。會意。言其巾周於上下四旁有如屋也。

幔 去

音縵。張布於上者曰幔。堂幔。

莫半切。幔，幕也。在旁曰帷，在上曰幔。俗亦以帷為幔。

簾 平

音廉。所以障風日者曰簾。竹簾。簾鉤。

離鹽切。簾，戶蔽也。縷竹為之，施於堂戶，所以隔風日而通明者也。亦謂之薄。

毯 上

音菼。席之織毛而成者曰毯。地毯。氈毯。

他敢切。毯，毛席也。施於几案與地，以禦塵穢。北地雜牛羊毛為之。西人有織以鴨絨專供衾褥之用者，價值甚昂，尤為華侈。

氈 平

音旃。揉毛成片者曰氈。青氈。氈案。

諸延切。所以鋪几案者曰氈。作氈之法，以緊薄為佳，說見齊民要術。

香 平

音鄉。臭之芳者曰香。燒香。香臭。

虛良切。香，芳也。沈香、速香之類，皆以其臭香，故即名為香。

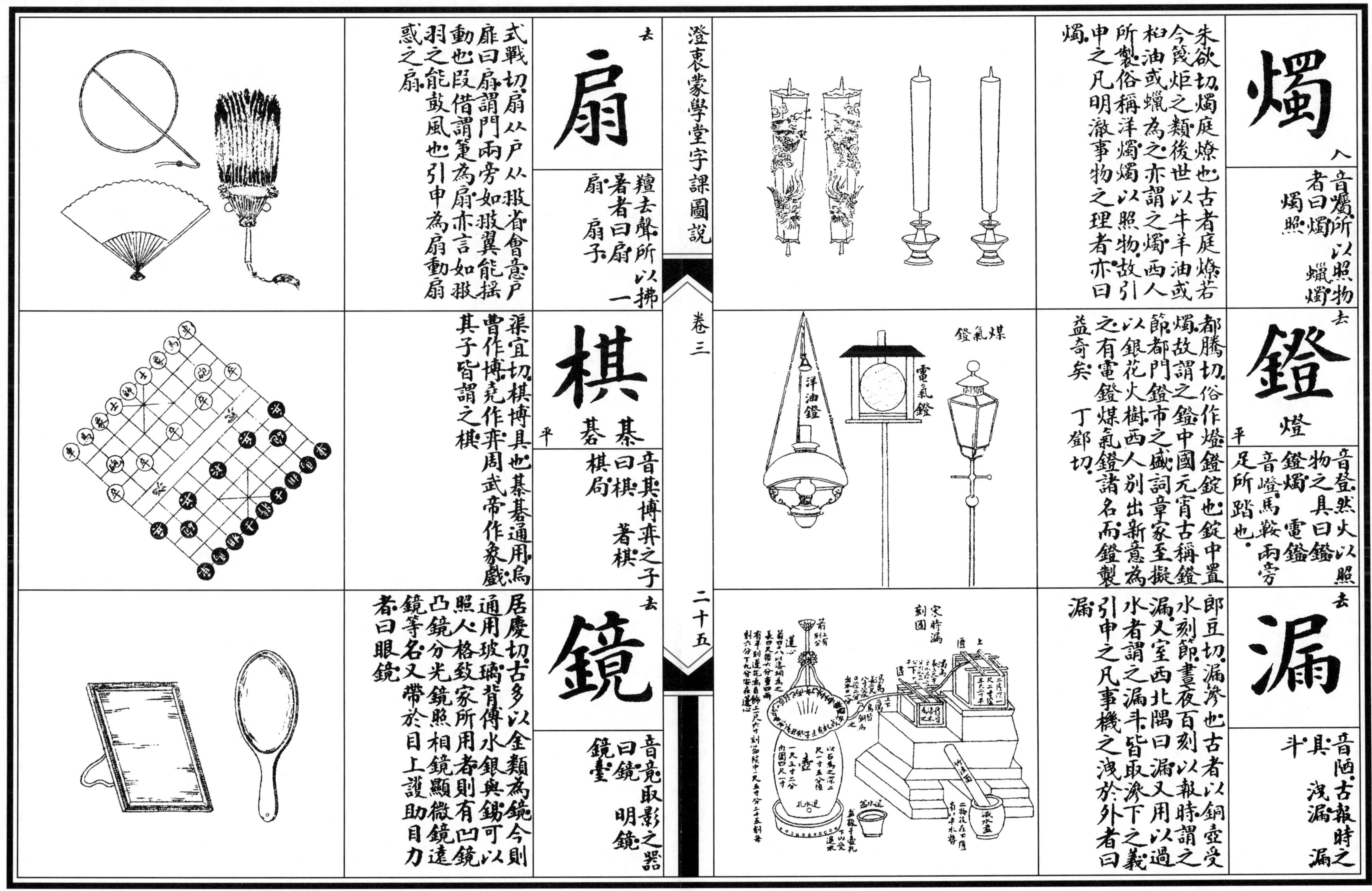

燭

入

音屬。所以照物者曰燭。蠟燭　燭照。

朱欲切。燭，庭燎也。古者庭燎若今葭炬之類。後世以牛羊油或桕油或蠟為之，亦謂之燭。西人所製，俗稱洋燭。燭以照物，故引申之凡明澈事物之理者亦曰燭。

鐙

去　燈

音登。然火以照物之具曰鐙。燭鐙　電鐙。

平

音嶝。馬鞍兩旁足所踏也。

都騰切。俗作燈。鐙，錠也。錠中置燭，故謂之鐙。中國元宵古稱鐙節，都門鐙市之盛，詞章家至擬以銀花火樹。西人別出新意，為之有電鐙、煤氣鐙諸名，而鐙製益奇矣。丁鄧切。

漏

去

音陋。古報時之具。洩漏　漏斗。

郎豆切。漏，滲也。古者以銅壺受水刻節，晝夜百刻，以報時，謂之漏。又室西北隅曰漏。又用以過水者謂之漏斗。皆取滲下之義。引申之凡事機之洩於外者曰漏。

扇

去

音膻去聲。所以拂暑者曰扇。一扇　扇子。

式戰切。扇，从戶从翍省，會意。戶扉曰扇，謂門兩旁如翍翼能搖動也。叚借謂箑為扇，亦言如翍羽之能鼓風也。引申為扇動、扇惑之扇。

棋

平　碁　棊

音其。博弈之子曰棋。著棋　棋局。

渠宜切。棋，博具也。棊碁通用。烏曹作博，堯作弈，周武帝作象戲，其子皆謂之棋。

鏡

去

音竟。取影之器曰鏡。明鏡　鏡臺。

居慶切。古多以金類為鏡，今則通用玻璃，背傅水銀與錫，可以照人。格致家所用者則有凹鏡、凸鏡、分光鏡、照相鏡、顯微鏡、遠鏡等名。又帶於目上護助目力者曰眼鏡。

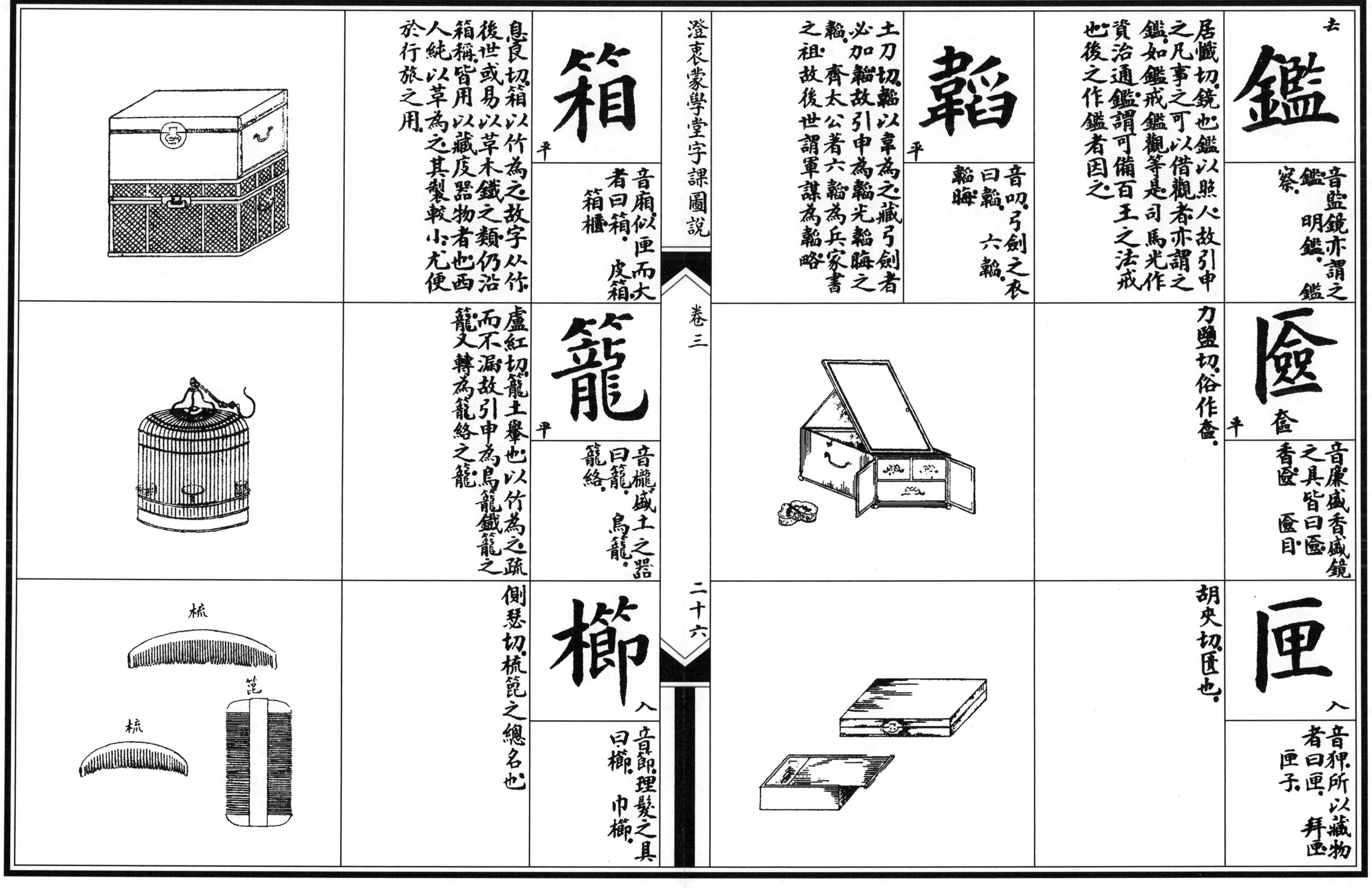

鑑 去

音監。鏡亦謂之鑑。明鑑。鑑察。

居懺切。鏡也。鑑以照人。故引申之凡事之可以借觀者。亦謂之鑑。如鑑戒。鑑觀等是。司馬光作資治通鑑。謂可備百王之法戒也。後之作鑑者因之。

韜 平

音叨。弓劍之衣曰韜。六韜。韜晦。

土刀切。韜以韋為之。藏弓劍者必加韜。故引申為韜光。韜晦之韜。齊太公著六韜。為兵家書之祖。故後世謂軍謀為韜略。

匲 平 奩

音廉。盛香。盛鏡之具。皆曰匲。香匲。匲目。

力鹽切。俗作奩。

匣 入

音狎。所以藏物者曰匣。拜匣。匣子。

胡夾切。匵也。

箱 平

音廂。似匣而大者曰箱。皮箱。箱櫃。

息良切。箱以竹為之。故字从竹。後世或易以草木鐵之類。仍沿箱稱。皆用以藏皮器物者也。西人純以草為之。其製較小。尤便於行旅之用。

籠 平

音櫳。盛土之器曰籠。鳥籠。籠絡。

盧紅切。籠土轝也。以竹為之。疏而不漏。故引申為鳥籠。鐵籠之籠。又轉為籠絡之籠。

櫛 入

音節。理髮之具曰櫛。巾櫛。

側瑟切。梳篦之總名也。

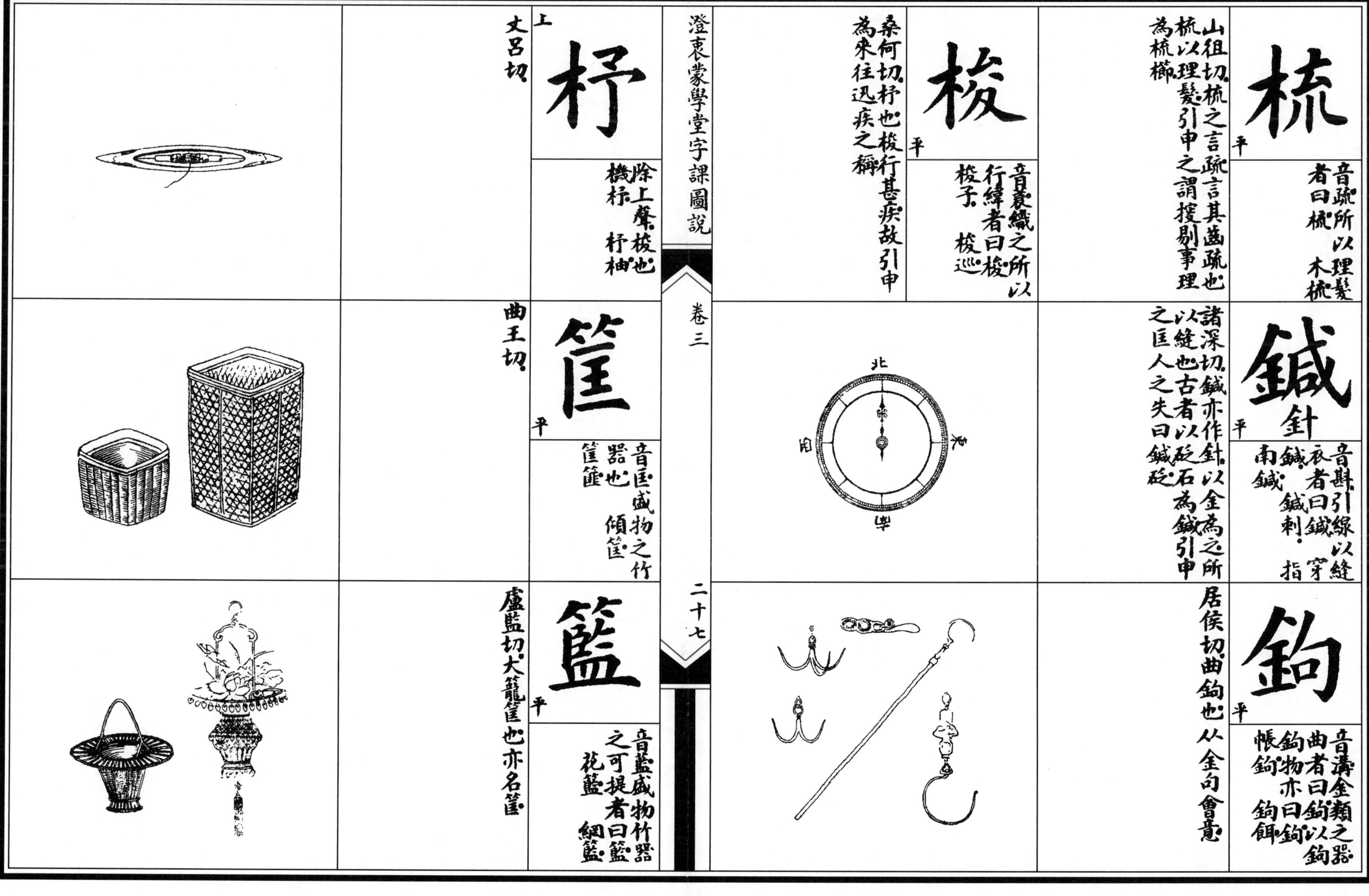

梳 平

音疏。所以理髮者曰梳。木梳。

山組切。梳之言疏。言其齒疏也。梳以理髮。引申之謂搜剔事理為梳櫛。

梭 平

音蓑。織之所以行緯者曰梭。梭子。梭巡。

桑何切。杼也。梭行甚疾。故引申為來往迅疾之稱。

鍼 針 平

音斟。引線以縫衣者曰鍼。穿鍼。鍼刺。指南鍼。

諸深切。鍼亦作針。以金為之。所以縫也。古者以砭石為鍼。引申之匡人之失曰鍼砭。

鉤 平

音溝。金類之器。曲者曰鉤。以鉤鉤物亦曰鉤。帳鉤。鉤餌。

居侯切。曲鉤也。从金句會意。

杼 上

除上聲。梭也。機杼。杼柚。

丈呂切。

筐 平

音匡。盛物之竹器也。傾筐。筐篚。

曲王切。

籃 平

音藍。盛物竹器之可提者曰籃。花籃。網籃。

盧監切。大籠筐也。亦名筐。

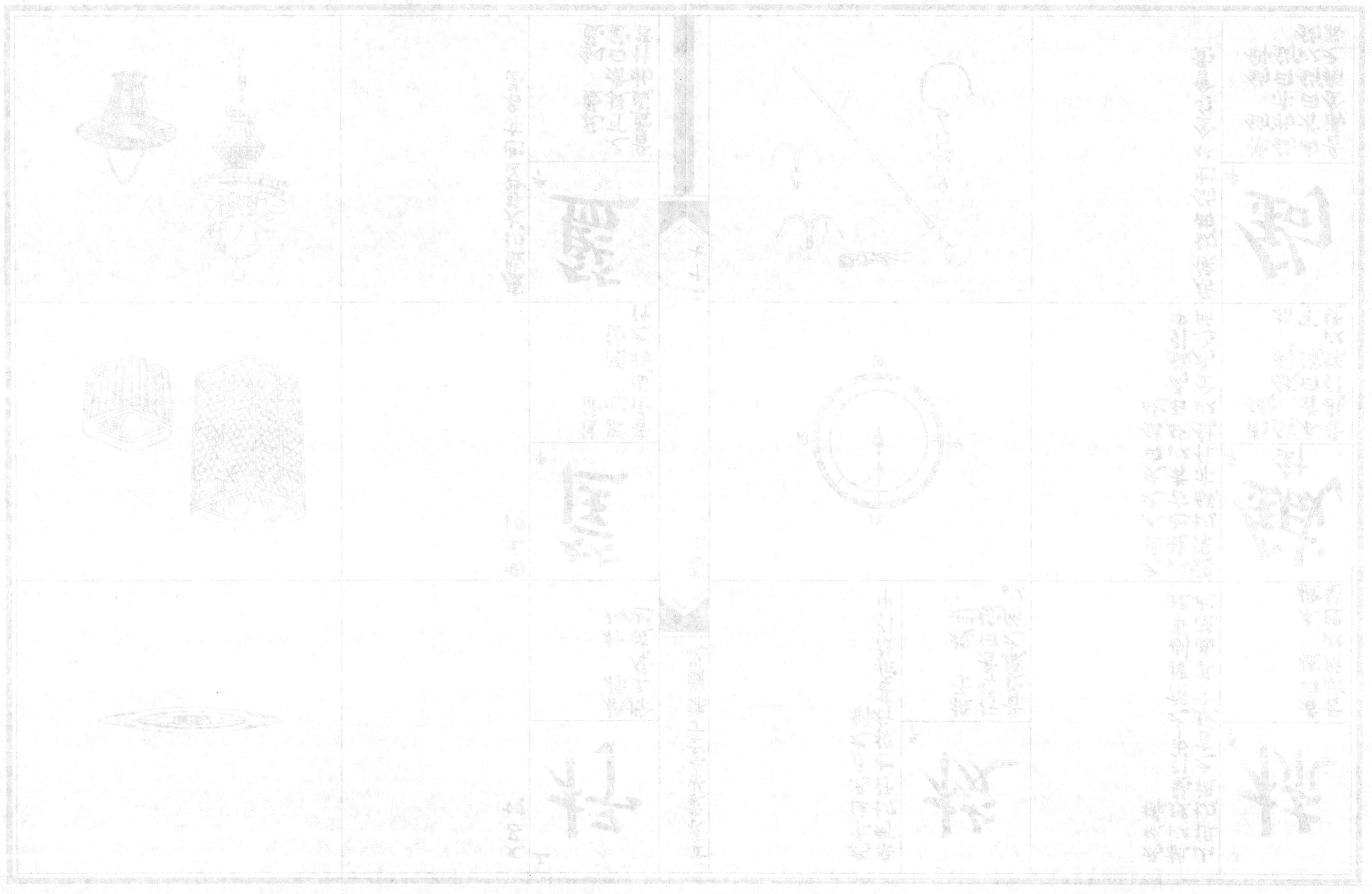

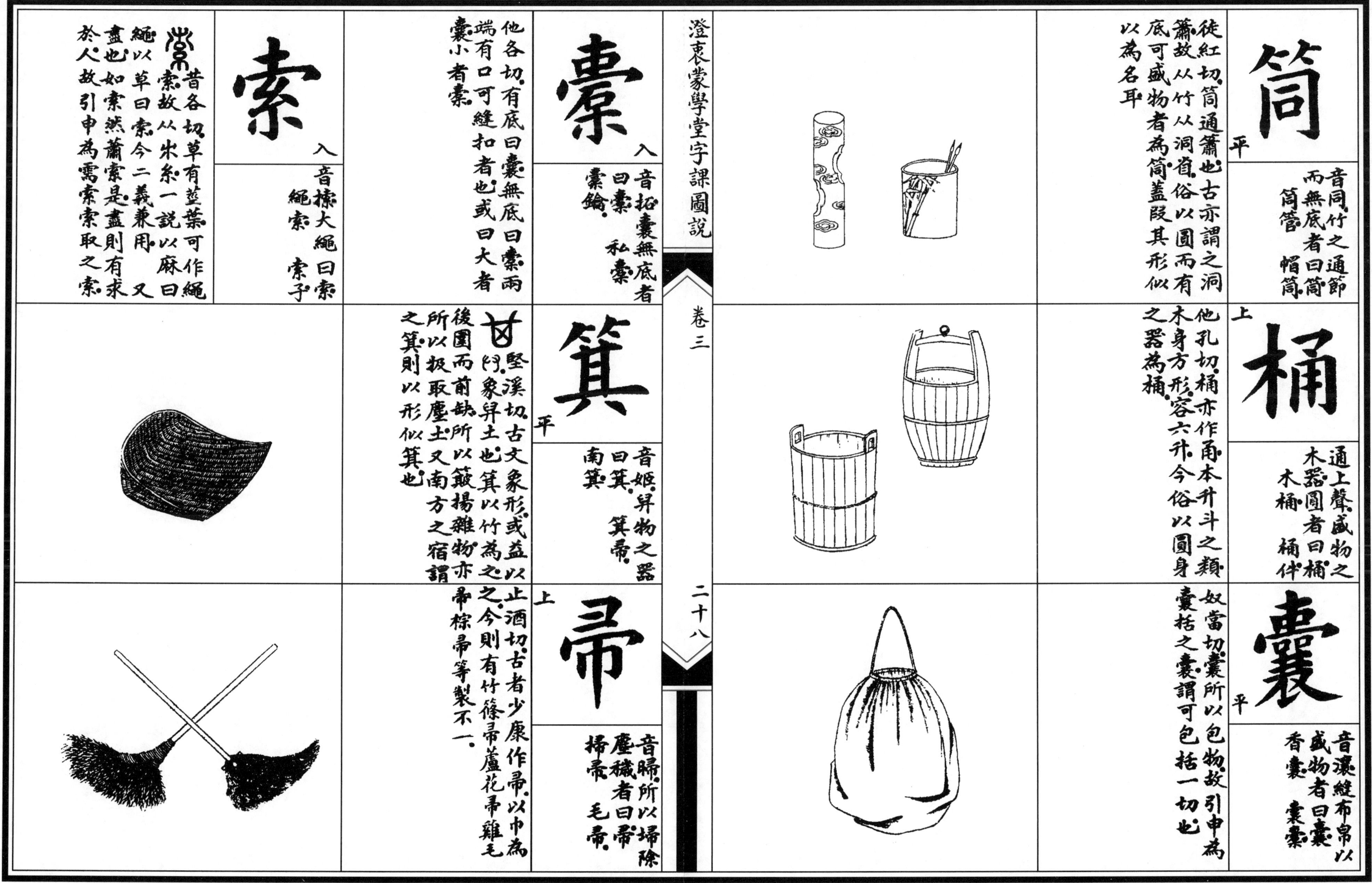

澄衷蒙學堂字課圖說　卷三　二十八

筒　平
音同。竹之通節而無底者曰筒。筒管。帽筒。
徒紅切。筒通簫也。古亦謂之洞簫，故从竹从洞省。俗以圓而有底可盛物者為筒，蓋叚其形似以為名耳。

桶　上
通上聲。盛物之木器圓者曰桶。木桶。桶伴。
他孔切。桶亦作甬。本升斗之類，木身方形，容六升。今俗以圓身之器為桶。

囊　平
音瀼。縫布帛以盛物者曰囊。香囊。橐囊。
奴當切。囊所以包物，故引申為囊括之囊，謂可包括一切也。

帚　上
音歸。所以埽除塵穢者曰帚。埽帚。毛帚。
止酒切。古者少康作帚，以巾為之。今則有竹篠帚、蘆花帚、雞毛帚、棕帚等，製不一。

箕　平
音姬。异物之器曰箕。箕帚。南箕。
堅溪切。古文象形，或益以𠀠廾。象异土也。箕以竹為之，後圜而前缺，所以簸揚雜物，亦所以扱取塵土。又南方之宿謂之箕，則以形似箕也。

橐　入
音拓。囊無底者曰橐。私橐。橐籥。
他各切。有底曰囊，無底曰橐。兩端有口可縫扣者也。或曰大者囊，小者橐。

索　入
音榡。大繩曰索。繩索。索子。
昔各切。草有莖葉可作繩索，故从𣎵糸。一說以麻曰繩，以草曰索。今二義兼用。又盡也，如索然、蕭索是。盡則有求於人，故引申為需索、索取之索。

繩 平

音乘。小於索者曰繩。麻繩。繩索。

神陵切。繩者紨兩股以上，總而合之者也。凡木之曲直，必以繩彈正之，故引申之，凡糾人之不正者曰繩。如繩愆是。繩之為物，堅韌相繼而不易絕，故又申為相承不絕之貌，如繩繩是。

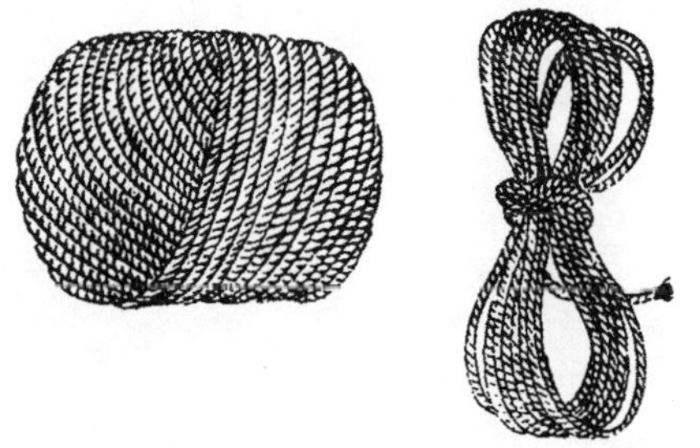

纜 上

音濫。維舟之索曰纜。以纜維舟即曰纜。解纜。纜船。

盧瞰切。

鑰 入

音藥。所以啟鎖者曰鑰。門鑰。鑰匙。

弋灼切。鎖之開啟資乎鑰，故凡可以開者，皆以鑰喻之。如藥名玉鑰，取其可以開竅也。書名理鑰，取其可以開發心思也。

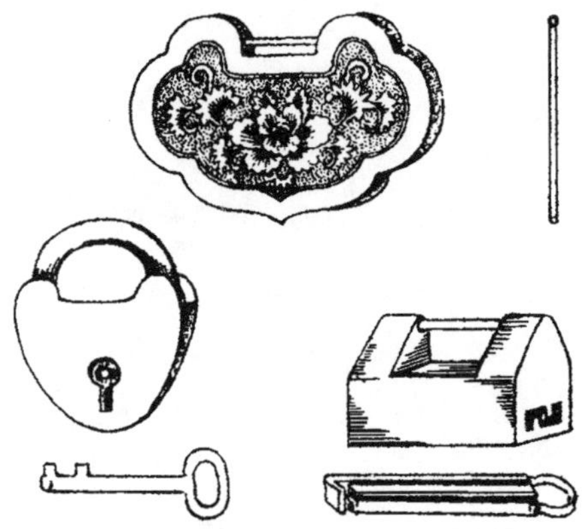

鎖 上

音瑣。門鍵曰鎖。鎖門。鐵鎖。

蘇果切。鎖以金類為之，扃閉之具也。

繖 去 傘

音散。所以禦雨蔽日者曰繖。洋繖。雨繖。

蘇簡切。繖古稱蓋，俗稱傘。今制繖蓋，職官一二品者銀葫蘆，杏黃羅，三四品者紅葫蘆，杏黃羅，皆三簷。五品者紅葫蘆，藍羅。六品至八品者，惟用藍綢，皆重簷。雨繖通用油綢，庶民通用油紙，不得用羅綢。

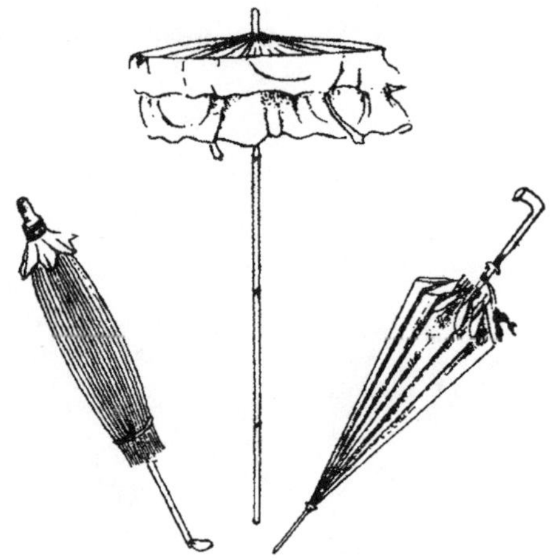

柝 入

音託。所以警夜者曰柝。擊柝。

闥各切。古者判兩木夾於門，為機相擊以警夜，謂之柝。今夜行所擊者，以竹為之，謂之梆，即其遺意也。

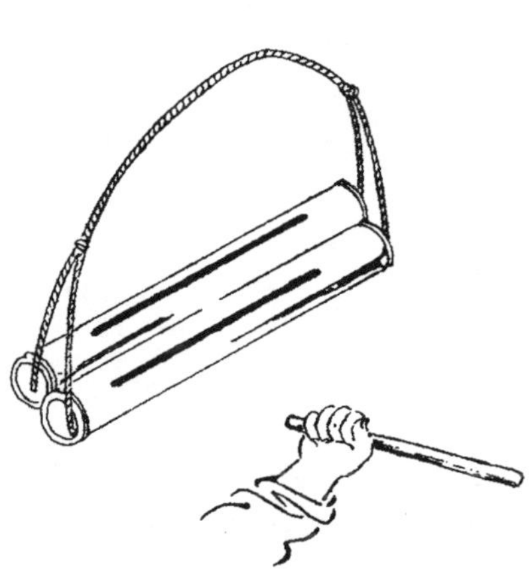

杵 上

音處。所以擣物者曰杵。砧杵。杵臼。

敞呂切。

臼 上

音咎。舂米之器。杵臼。臼牀。

（臼篆）巨久切。象形。中象米。古者掘地為臼。後世穿木石為之。臼者置有定所而不易動。故引申為窠臼之臼。謂一定而不可變也。

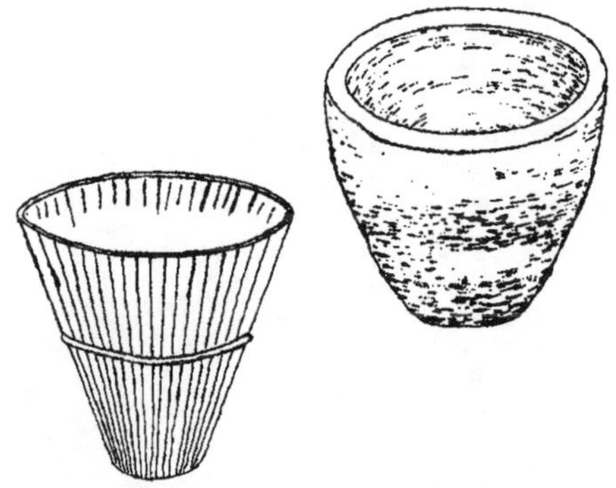

篩 平

音師。竹器之可除粗取細者謂之篩。又以篩篩物亦曰篩。篩米。篩糠。

申之切。篩製以竹編格之細者。用銅鐵絲。凡穀類粉類之須別粗分細者皆用篩。

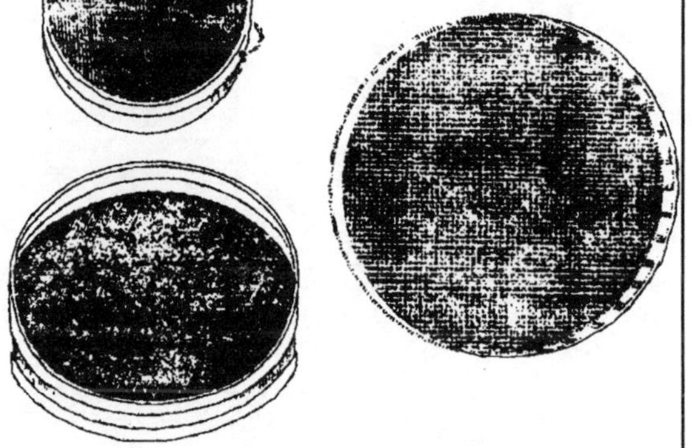

架 上

音駕。所以閣物者謂之架。又屋舍之幹亦曰架。筆架。間架。

居迓切。置物有架。所以成屋者有間有架。引申之。凡事物之位置結構皆曰架。亦曰間架。

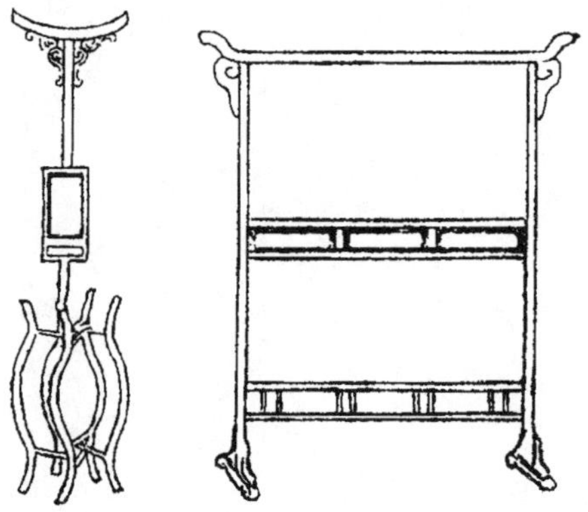

符 平

音扶。印信之相合者曰符。符節。符合。

逢夫切。符信也。漢制以竹為之。長六寸。分而為二。彼此各持其一。有故左右相合以為信。引申之。凡事相合皆謂之符。　又道家有符籙之說。

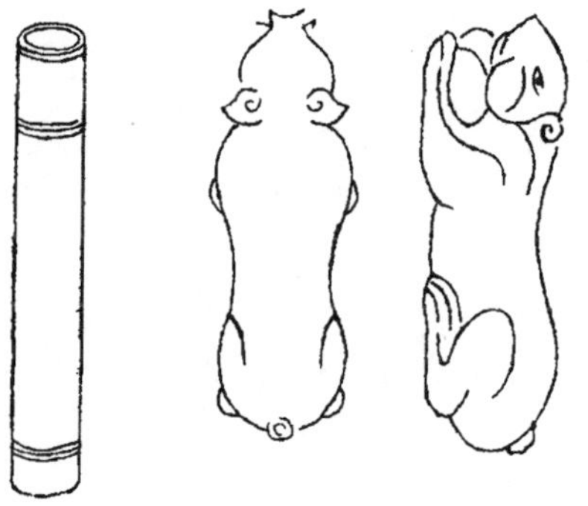

準 上 入

音肫上聲。所以為平者曰準。準繩。　酒準。　音拙。鼻頭曰準。隆準。

主尹切。水平謂之準。天下莫平於水。因之製平物之器亦謂之準。準者所以揆平取正也。引申之。凡平均事物皆謂之準。　又朱劣切。

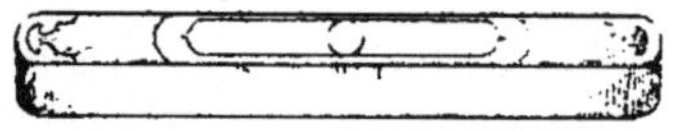

籌 平

音儔。所以計物者曰籌。竹籌。籌馬。

除留切。籌算也。凡計物之具皆以籌名。又引申為籌策籌畫之籌。

籤 平

音簽。所以為標識者曰籤。書籤、籤筒。

七廉切。籤，驗也。物不易檢，則題籤以識之，以便驗其是否也。今俗謂神示占驗之文曰籤，亦此意。

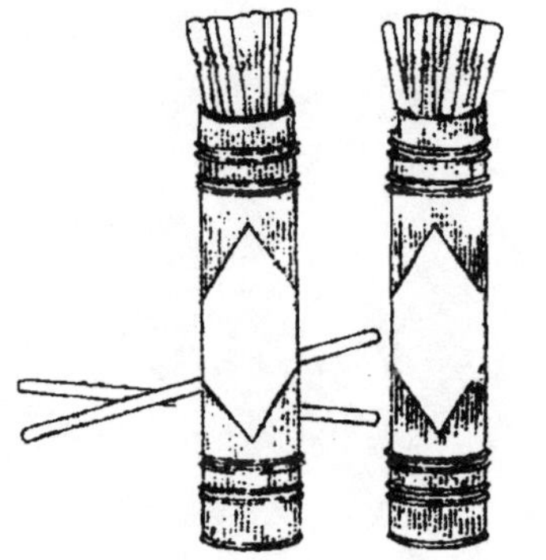

盒 入

音合。盤屬之有蓋者曰盒。果盒、盒盤。

胡閤切。盤覆也。俗統名有覆之盤為盒。

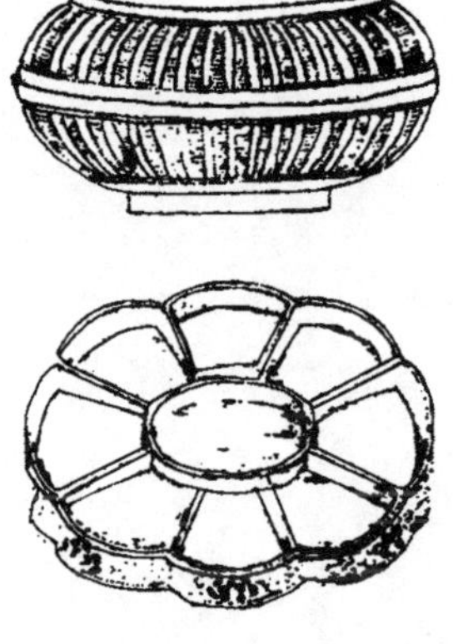

杯 盃 平

音背平聲。飲器也。酒杯、一杯。

布回切。古文作桮，亦作盃。

椀 盌 碗 上

音宛上聲。飯器曰椀。飯椀、椀盞。

烏管切。

箸 去

音宁。飯具也。借箸、匕箸。

治據切。箸即筯，俗所謂筷也。

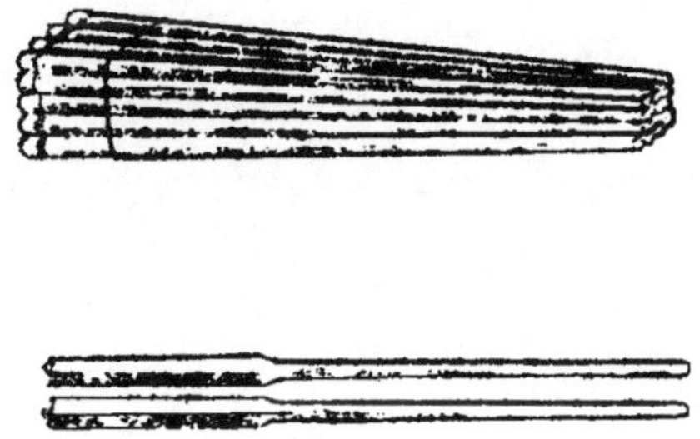

壺 平

音胡。所以盛飲者。酒壺、壺漿、投壺。

洪孤切。

碗
箸
壺
盒
杯

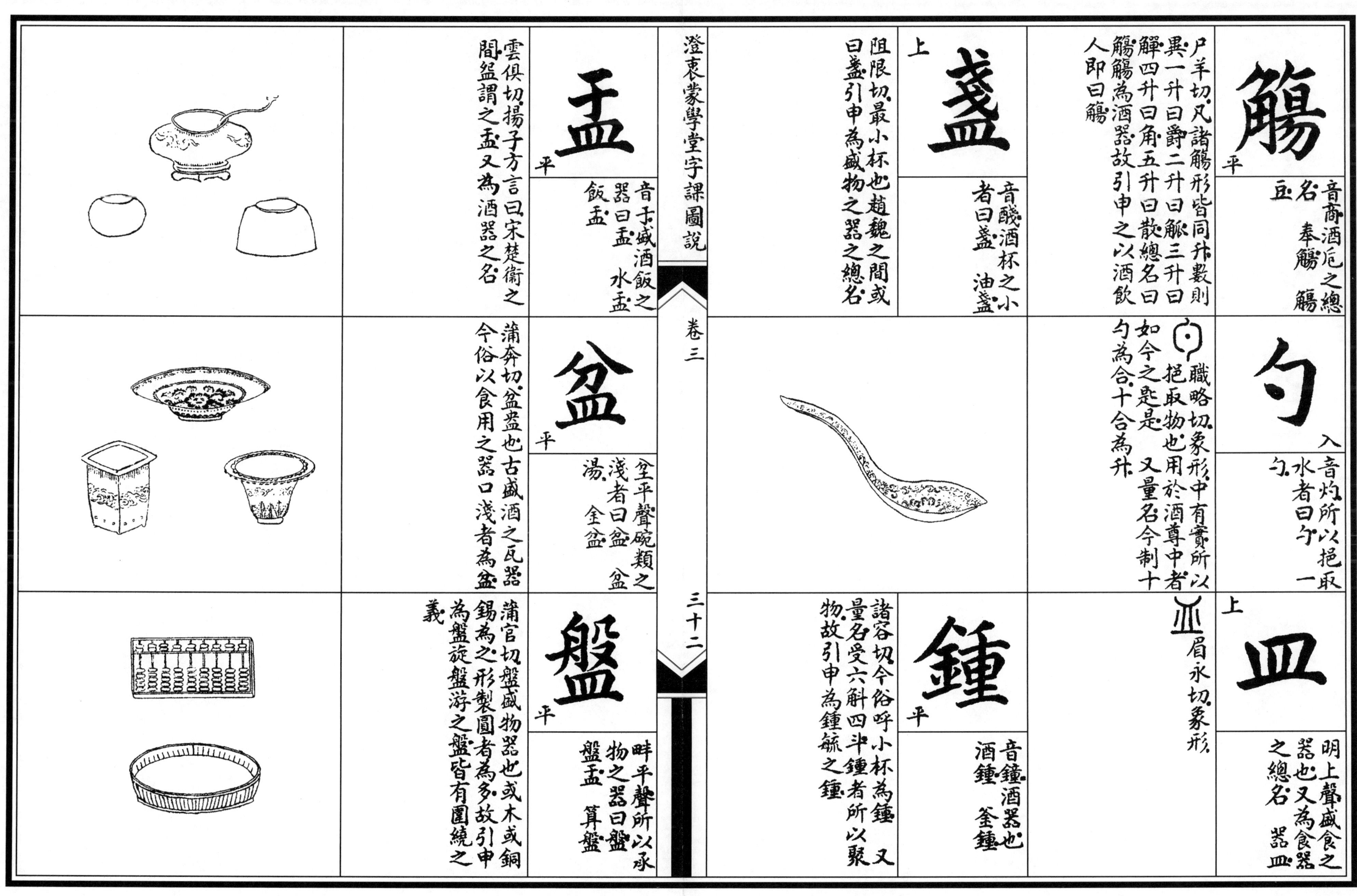

觴 平

音商。酒巵之總名。 奉觴 觴豆

尸羊切。凡諸觴形皆同，升數則異。一升曰爵，二升曰觚，三升曰觶，四升曰角，五升曰散，總名曰觴。觴為酒器，故引申之以酒飲人即曰觴。

盞 上

音醆。酒杯之小者曰盞。 油盞

阻限切。最小杯也。趙魏之間或曰盞。引申為盛物之器之總名。

勺 入

音灼。所以挹取水者曰勺。 一勺

職略切。象形，中有實。所以挹取物也。用於酒尊中者如今之匙是。 又量名。今制十勺為合，十合為升。

皿 上

明上聲。盛食之器也。又為食器之總名。 器皿

眉永切。象形。

鍾 平

音鍾。酒器也。 酒鍾 釜鍾

諸容切。今俗呼小杯為鍾。 又量名，受六斛四斗。鍾者，所以聚物，故引申為鍾繇之鍾。

盂 平

音于。盛酒飯之器曰盂。 水盂 飯盂

雲俱切。揚子方言曰：宋楚衛之間盌謂之盂。又為酒器之名。

盆 平

坌平聲。碗類之淺者曰盆。 盆湯 金盆

蒲奔切。盆，盎也。古盛酒之瓦器，今俗以食用之器口淺者為盆。

盤 平

畔平聲。所以承物之器曰盤。 算盤 盤盂

蒲官切。盤，盛物器也。或木或銅錫為之。形製圓者為多，故引申為盤旋、盤游之盤，皆有圜繞之義。

匏（平）

音庖。瓜實之可製器者曰匏。匏瓜。陶匏。

薄交切。匏瓠也。从夸包聲。取其可包藏物也。其形短頸而大腸。古者剜之以為飲器。又為製樂器之用。

瓢（平）

音飄。飲器之以匏製者為瓢。一瓢。瓠瓢。瓢。

毗招切。瓢亦瓠也。瓠其總名。判之為酒尊則曰瓢。

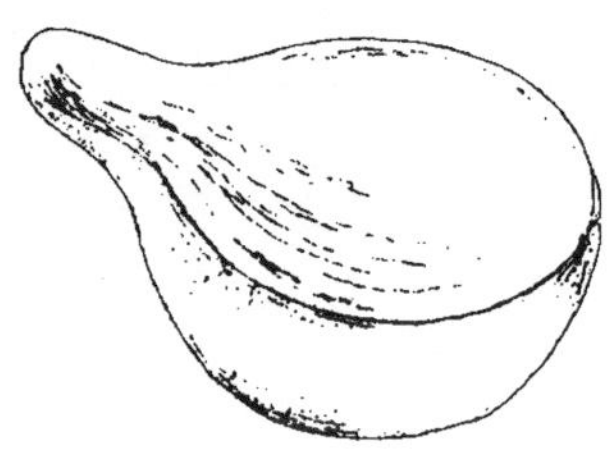

瓶（平）鉼

音萍。小甕曰瓶。花瓶。

旁經切。瓶與鉼同。古以陶土為之。後有用金銀銅水晶玻璃等製成者。用以盛水及酒漿之器。

甕（去）

翁去聲。大瓶曰甕。酒甕。甕牖。

烏貢切。汲水之器。身大而口小者。引申為甕牖之甕。形其小也。

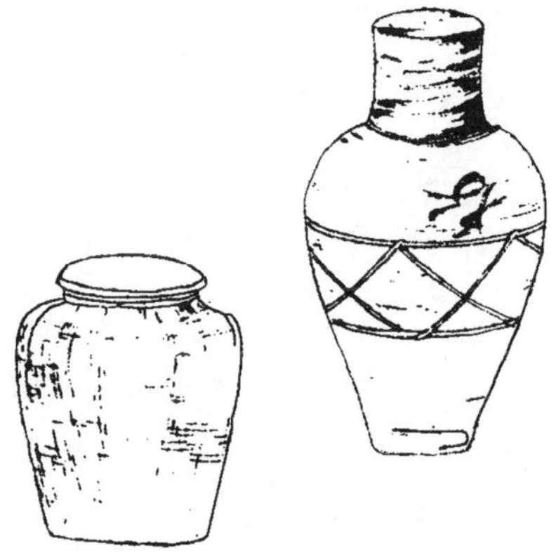

鉢（入）

音潑。所以盛食物者。衣鉢。鉢頭。

北末切。佛家相傳有一衣一鉢。世相授受。以為寶物。故今稱師之授於弟子者曰衣鉢。

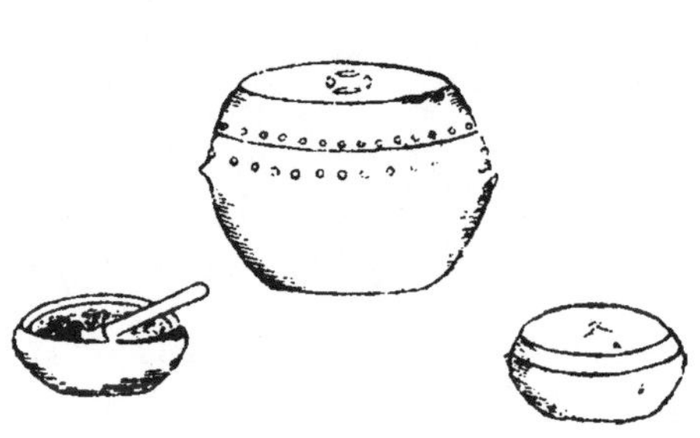

缶（上）

音否。盛酒漿之瓦器曰缶。瓦缶。鼓缶。

俯九切。缶飲器也。大腹而斂口。秦人叩之以節謌。

瓦（上）

音邸。土器已燒之總名。磚瓦。瓦片。

五寡切。夏時昆吾氏始作瓦。用以製器及蓋屋。凡陶者為瓦。必圜而割分之。分之則瓦。合之則圜而不失瓦之質。後世瓦制不古。有以銅為之者。有以水晶為之者。皆假瓦以為名。

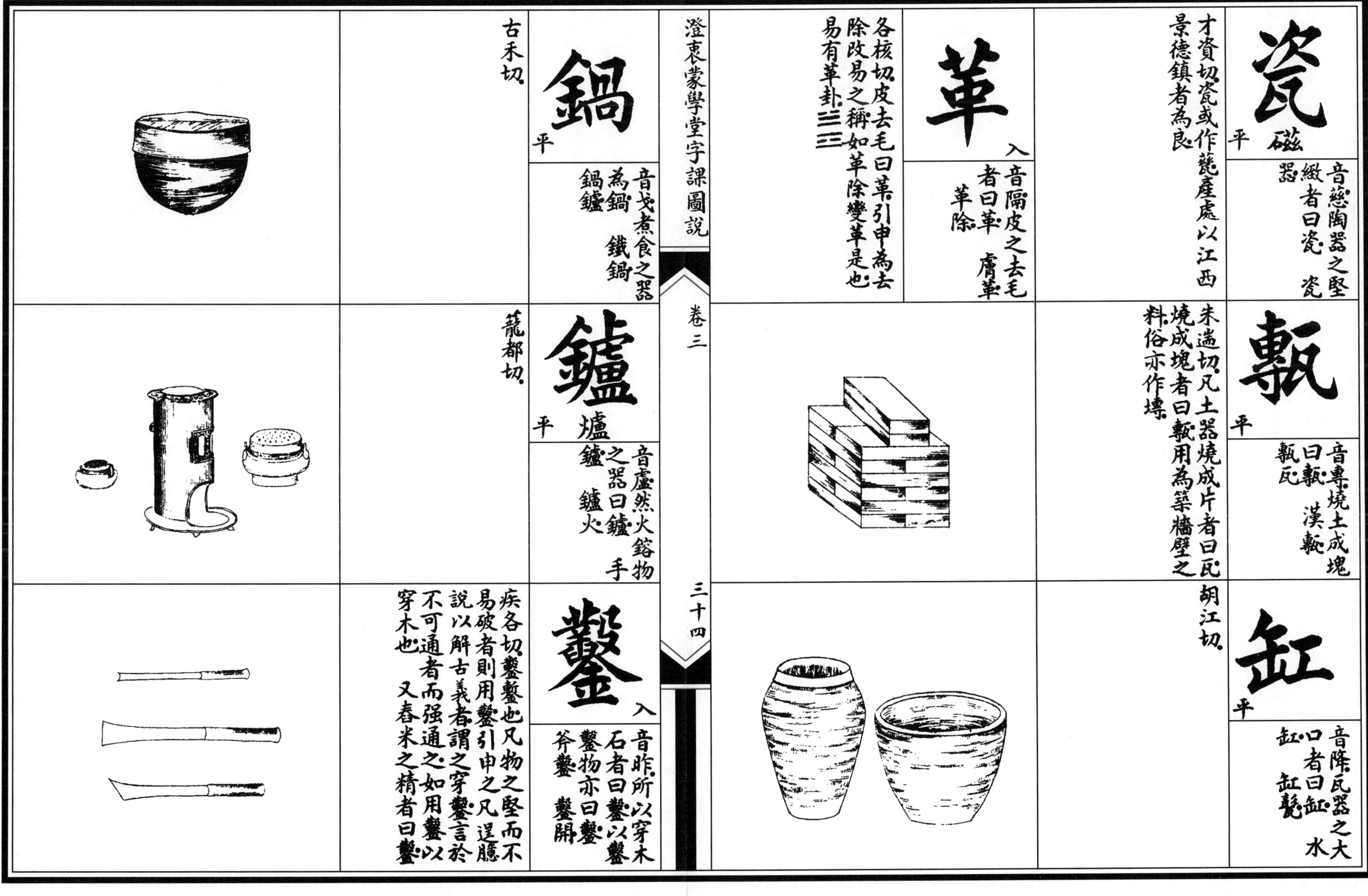

瓷 平 磁

音慈陶器之堅緻者曰瓷 瓷器

才資切瓷或作甆產處以江西景德鎮者為良

甎 平

音專燒土成塊曰甎 漢甎 甎瓦

朱遄切凡土器燒成片者曰瓦燒成塊者曰甎用為築牆壁之料俗亦作塼

缸 平

音降瓦器之大口者曰缸 水缸 缸甏

胡江切

革 入

音隔皮之去毛者曰革 膚革 革除

各核切皮去毛曰革引申為去除改易之稱如革除變革是也易有革卦䷰

鍋 平

音戈煮食之器為鍋 鐵鍋 鍋鑪

古禾切

鑪 平 爐

音盧然火鎔物之器曰鑪 手鑪 鑪火

龍都切

鑿 入

音昨所以穿木石者曰鑿以鑿鑿物亦曰鑿 鑿開 斧鑿

疾各切鑿鑿也凡物之堅而不易破者則用鑿引申之凡逞臆說以解古義者謂之穿鑿言於不可通者而强通之如用鑿以穿木也 又舂米之精者曰鑿

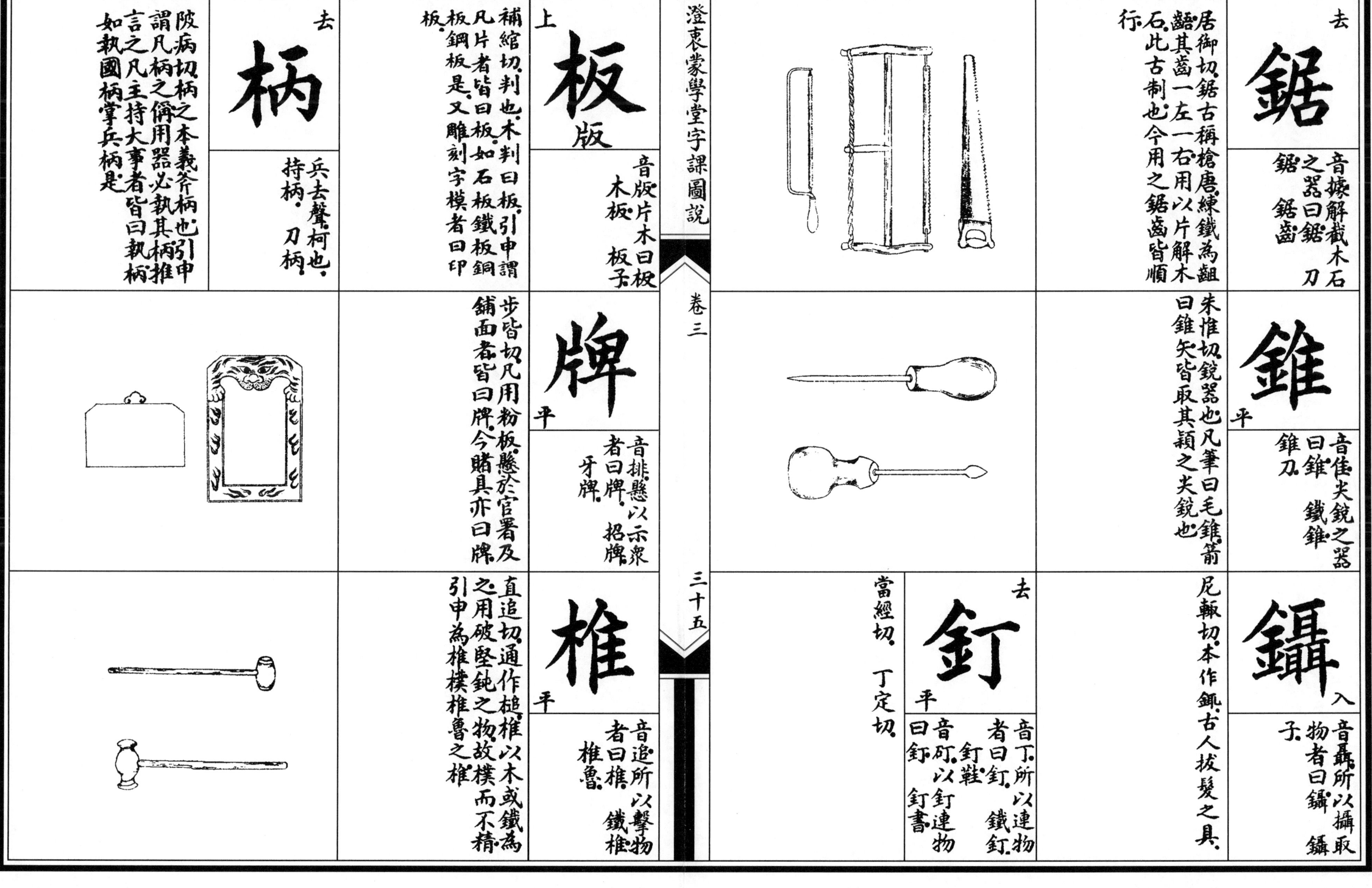

鋸 去

音據。解截木石之器曰鋸。刀鋸。鋸齒。

居御切。鋸古稱槍唐。練鐵為齟齬，其齒一左一右，用以片解木石。此古制也，今用之鋸，齒皆順行。

錐 平

音隹。尖銳之器曰錐。鐵錐。錐刀。

朱惟切。銳器也。凡筆曰毛錐，箭曰錐矢，皆取其穎之尖銳也。

鑷 入

音聶。所以攝取物者曰鑷。鑷子。

尼輒切。本作鈢，古人拔髮之具。

釘 平 去

音丁。所以連物者曰釘。鐵釘。釘鞋。

音矴。所以釘連物曰釘。釘書。

當經切。丁定切。

板 上 版

音版。片木曰板。木板。板子。

補綰切。判也。木判曰板。引申謂凡片者皆曰板。如石板、鐵板、銅板、鋼板是。又雕刻字模者曰印板。

牌 平

音排。懸以示衆者曰牌。招牌。牙牌。

步皆切。凡用粉板懸於官署及舖面者皆曰牌。今賭具亦曰牌。

椎 平

音追。所以擊物者曰椎。鐵椎。椎魯。

直追切。通作槌。椎以木或鐵為之，用破堅鈍之物，故樸而不精。引申為椎樸、椎魯之椎。

柄 去

音兵去聲。柯也。持柄。刀柄。

陂病切。柄之本義，斧柄也。引申謂凡柄之備用器，必執其柄。推言之，凡主持大事者皆曰執柄，如執國柄、掌兵柄是。

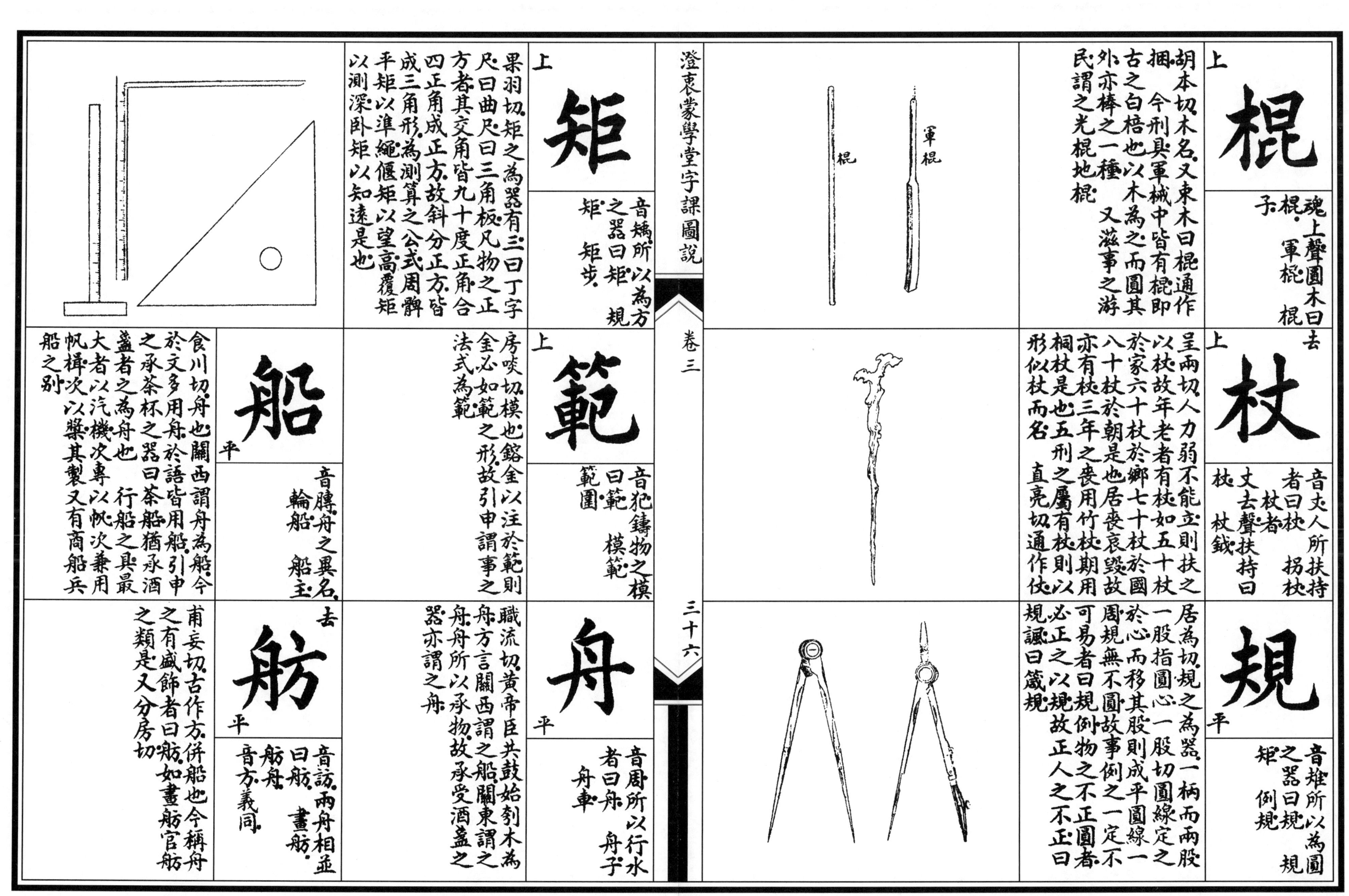

棍 上

音魂上聲。圓木曰棍。軍棍。棍子。

胡本切。木名。又束木曰棍。通作捆。今刑具軍械中皆有棍。即古之白棓也。以木為之。而圓其外。亦棒之一種。又滋事之游民謂之光棍。地棍。

杖 去 上

音丈。人所扶持者曰杖。拐杖。杖者。丈去聲。扶持曰杖。杖鉞。

呈兩切。人力弱不能立。則扶之以杖。故年老者有杖。如五十杖於家。六十杖於鄉。七十杖於國。八十杖於朝是也。居喪哀毀。故亦有杖。三年之喪用竹杖。期用桐杖是也。五刑之屬有杖。則以形似杖而名。直亮切。通作仗。

規 平

音椎。所以為圓之器曰規。規矩。倒規。

居為切。規之為器。一柄而兩股。一股指圓心。一股切圓線。定之於心而移其股。則成平圓。圓線一周。規無不圓。故事例之一定不可易者曰規。例物之不正圓者。必正之以規。故正人之不正曰規諷。曰箴規。

矩 上

音矯。所以為方之器曰矩。規矩。矩步。

果羽切。矩之為器有三。曰丁字尺。曰曲尺。曰三角板。凡物之正方者。其交角皆九十度。正角合四正角成正方。故斜分正方。皆成三角形。為測算之公式。周髀平矩以準繩。偃矩以望高。覆矩以測深。卧矩以知遠是也。

範 上

音犯。鑄物之模曰範。模範。範圍。

房啖切。模也。鎔金以注於範。則金必如範之形。故引申謂事之法式為範。

舟 平

音周。所以行水者曰舟。舟子。舟車。

職流切。黃帝臣共鼓始刳木為舟。方言。關西謂之船。關東謂之舟。舟所以承物。故承受酒盞之器亦謂之舟。

船 平

音膞。舟之異名。輪船。船主。

食川切。舟也。關西謂舟為船。今於文多用舟。於語皆用船。引申之。承茶杯之器曰茶船。猶承酒盞者之為舟也。行船之具。最大者以汽機。次專以帆。次兼用帆楫。次以槳。其製又有商船。兵船之別。

舫 去 平

音訪。兩舟相並曰舫。畫舫。舫舟。音方。義同。

甫妄切。古作方。併船也。今稱舟之有盛飾者曰舫。如畫舫。官舫之類是。又分房切。

艦 上

音檻。戰船曰艦。戰艦。艦隊。

户黯切。上下重牀曰艦。謂四方施板以禦矢石，其內如牢檻也。今海戰之艦，外蒙鋼甲，鼓之以汽機。最大者曰戰艦，次曰巡洋艦，亦名快艦，次曰海防艦，次曰砲艦，次曰運兵艦。羣艦成軍曰艦隊。將領所居之艦曰旗艦。

艇 上

音梃。船小而長者曰艇。艇船。雷艇。

徒鼎切。舟容二百斛以上曰艇。艇狹而長，故大船之狹長者亦曰艇，如廣艇、福艇是。今水雷艇、魚雷艇、捕魚雷艇，皆狹而長者也。

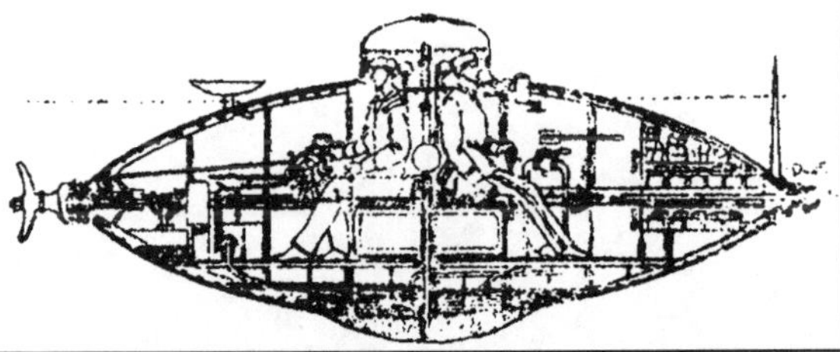

航 平 杭

音符。所以渡河者曰航。航船。野航。

寒剛切。兩舟相並而濟謂之航，故渡船曰航。航者每人而濟之者也，故船之不獨乘者曰航船。今招商局與各國公司之郵船，皆航船類也。

榜 去 上 平 艕

音彭。進船之櫂曰榜。榜人。音謗。邦上聲。所以示人者曰榜。

蒲庚切。榜所以正弓，即檠也。引申之，正船之櫂亦曰榜。凡正弓者必攷擊之，故轉為榜笞榜掠之榜，讀補曠切。假借為艕，併船也。又借為望，如標榜、榜狀等言，為衆所望也，讀補曩切。

楫 入

音接。所以進船者曰楫。舟楫。擊楫。

即涉切。黃帝始刳木為楫，今謂之艕。艕之為用，其理與螺輪同。蓋艕一往一復，以斜割水面；螺輪循螺線順行，亦斜割水面。故其進漸而不縻力。

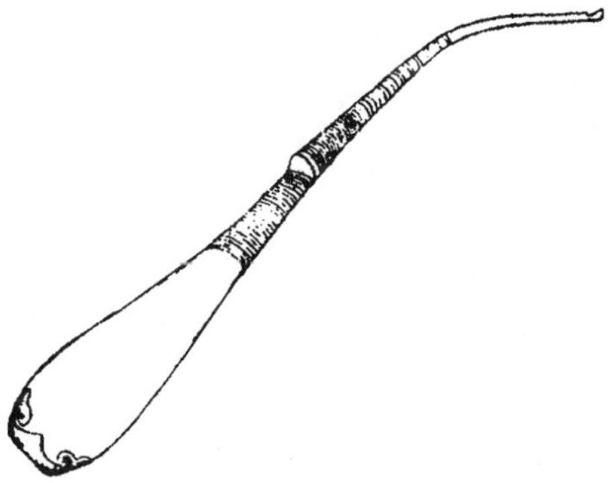

槳 上

音蔣。所以進船者曰槳。划槳。

子兩切。槳以木為幹，施板其端，抑水使退，則生抵力，而船自前行矣。其理與明輪同。蓋獨用則為槳，環插多槳於軸而旋之，即明輪也。

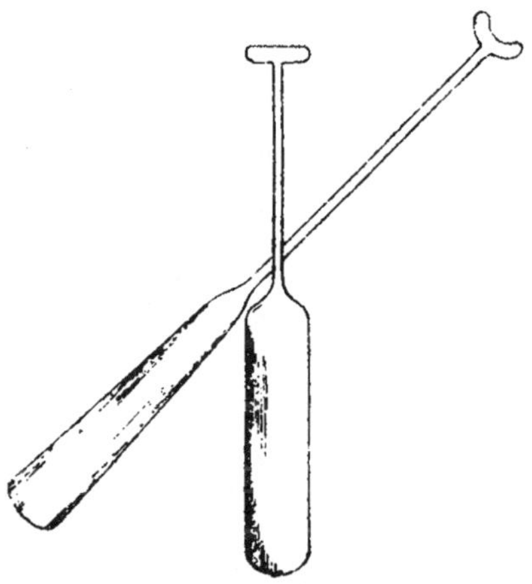

柁 上 舵

駄上聲。所以正船者曰柁。轉柁。柁工。

徒可切。柁以橫板為之，直立船尾後水中，所以準船之行向者也。船直行，則柁與船路成平行線；柁左轉，則推船尾向右，而船首不與俱動，故方向偏左；右轉則行向偏右。皆藉水之抵力以為用也。

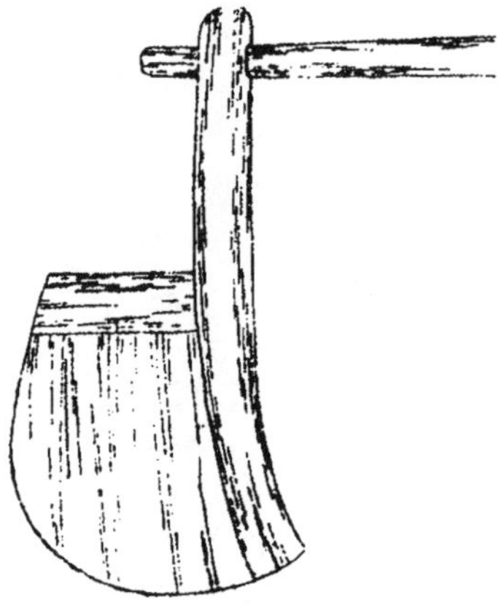

篙 平

音高。所以刺船者曰篙。撐篙　篙子。

姑勞切。篙以竹為之，人立於船而以篙著定物，互相撐拒，則生抵力，定物不能遽動，而船為水所託，其阻力較少，乃能漸移。

帆 颿 平

音凡。藉風力以進船之具曰帆。布帆　帆檣。

符炎切。舟上幔也，以布為之，張諸桅，風抵其背，則推船前行。古之航海者無不取給於帆，惟風力橫疾而重心出船外，則船覆。故汽機行而帆船漸微。

篷 平

音蓬。船壁曰篷。篷窗　推篷。

蒲紅切。船連帳也，或以布，或織以竹，兩端著舷而穹其中，以容人者謂之篷；以木則謂之艙。

槎 查 平 上

音咋。斜斫木曰槎。

音查。水中浮木曰槎。浮槎。

側下切。鋤加切，通作查。

輿 平

音余。車箱曰輿。肩輿　輿人。

雲諸切。車中受物之處，即車牀也。作車必自輿始，故謂事之始為權輿。輿所以載物，故載物即曰輿。萬物皆載於地，故稱全地曰地輿。今以人力所舁者曰肩輿，以其形如車箱也。

軺 平

音遙。小車曰軺。征軺　軺車。

餘招切。軺車，駕馬而小，人立而乘之，便於四望，蓋速行之輕車也。今謂使臣所乘車曰軺，義本此。

轅 平

音袁。所以駕馬者曰轅。攀轅　轅門。

于元切。凡大車、柏車等皆兩木夾一牛，其木謂之轅；兵車、乘車等中有木，鉤曲上出而馬夾之，謂之輈。對舉之則異，泛言之皆轅也。軍中車轅相向以為門，謂之轅門，今官署之門多沿其稱。

轂 入

音谷。輪之中樞曰轂。推轂。轂擊。

古祿切。車之任重者曰軸，函軸者謂之轂。轂輪輻所聚也。

軾 入

音拭。車前之橫木曰軾。憑軾。

所職切。軾，式也。所俯以式敬者也。古人在車有所敬則俯而憑於軾。

軌 上

音宄。兩轍之間曰軌。鐵軌。軌道。

矩鮪切。軌不在車而在地，而車之所循行者也。車行有一定之軌，故諸行星繞日之道謂之軌道。軌之不移者必有法，故謂法為軌。如不軌、循軌是。

轍 入

音徹。車輪所轢之處曰轍。轍迹。覆轍。

直列切。

轡 去

音祕。所以控馬者曰轡。鞍轡。轡頭。

兵臂切。

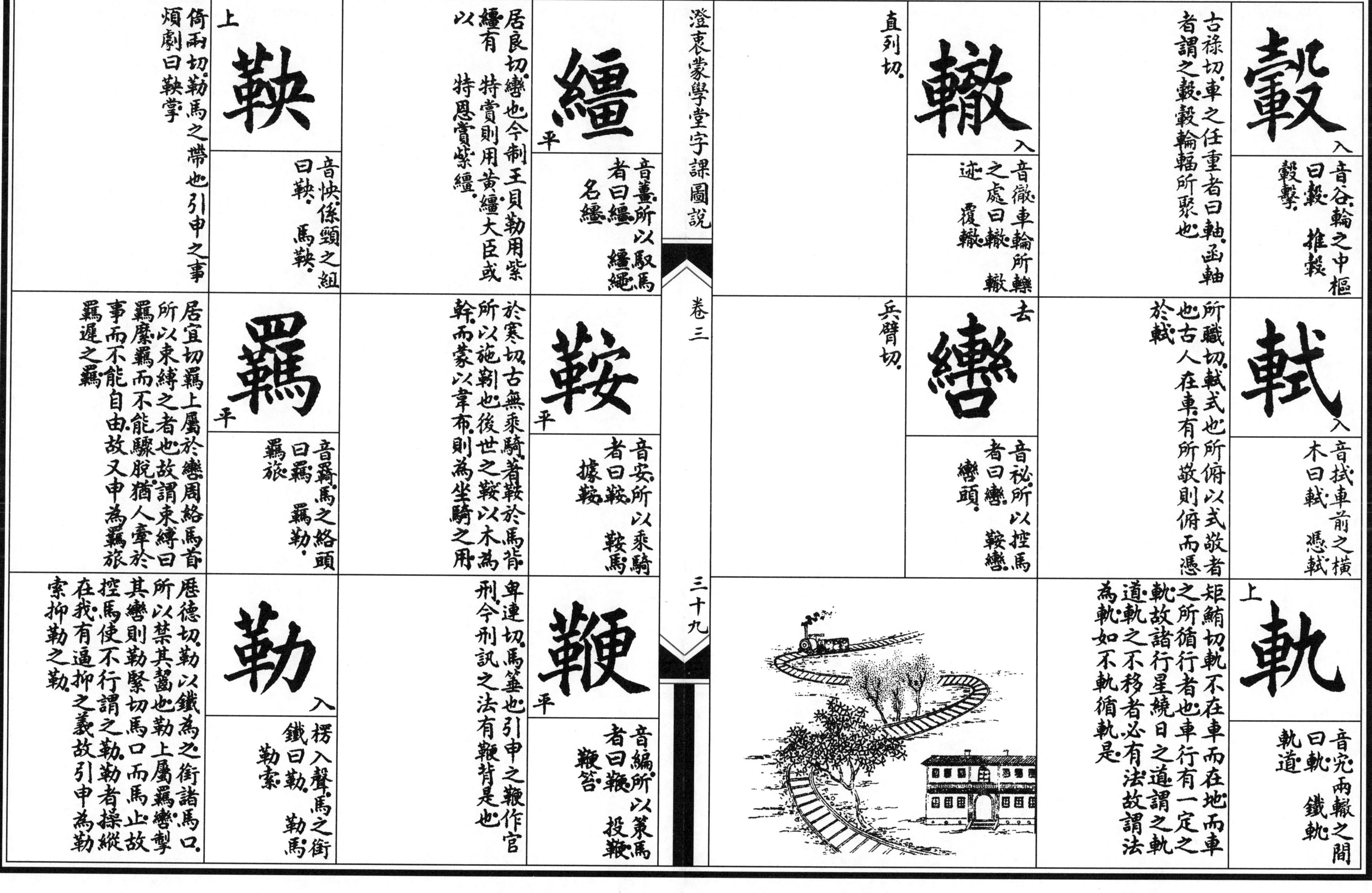

繮 平

音薑。所以馭馬者曰繮。繮繩。名繮。

居良切。繮也。今制王貝勒用紫繮，有特賞則用黃繮。大臣或以特恩賞紫繮。

鞍 平

音安。所以乘騎者曰鞍。鞍馬。據鞍。

於寒切。古無乘騎，著鞍於馬背，所以施剗也。後世之鞍，以木為幹，而蒙以韋布，則為坐騎之用。

鞭 平

音編。所以策馬者曰鞭。投鞭。鞭笞。

卑連切。馬箠也。引申之鞭作官刑。今刑訊之法有鞭背是也。

鞅 上

音怏。係頸之組曰鞅。馬鞅。

倚兩切。勒馬之帶也。引申之事煩劇曰鞅掌。

羈 平

音羇。馬之絡頭曰羈。羈勒。羈旅。

居宜切。羈上屬於轡，周絡馬首，所以束縛之者也。故謂束縛曰羈縻。羈而不能驟脫，猶人牽於事而不能自由，故又申為羈旅。羈遲之羈。

勒 入

楞入聲。馬之銜鐵曰勒。勒馬。勒索。

歷德切。勒以鐵為之，銜諸馬口，所以禁其齧也。勒上屬羈轡，掣其轡則勒緊切馬口而馬止，故控馬使不行謂之勒。勒者操縱在我，有逼抑之義，故引申為勒索、抑勒之勒。

槽 平

音曹。牲畜食器曰槽。馬槽。槽坊。

財勞切。以木為之，凹其中，以貯牲畜之食物者也。引申之，凡器之中虛而形長方者皆曰槽。今稱酒坊曰槽坊，以槽為製酒所用也。其名始於唐。

鈴 平

音靈。似鐘而小者曰鈴。馬鈴。鈴子。

郎丁切。从金从令。會意。言所以出令之金也。古謂之令丁，亦謂之鐲。形如小鐘而有柄有舌。今僧道所用者是。其馬鈴、花鈴之類，則假鈴為名而變其製矣。

轎 平 去

音橋。肩輿也。檯轎。轎班。音嶠。義同。

渠嬌切。竹輿也。兩人肩之，所以行山隘之路，若今之山兜然。今制，品官之轎用藍，三品以上用綠，王貝勒或用杏黃色。舁之者自兩人至八人不等。通作橋。又作檋。亦讀渠廟切。

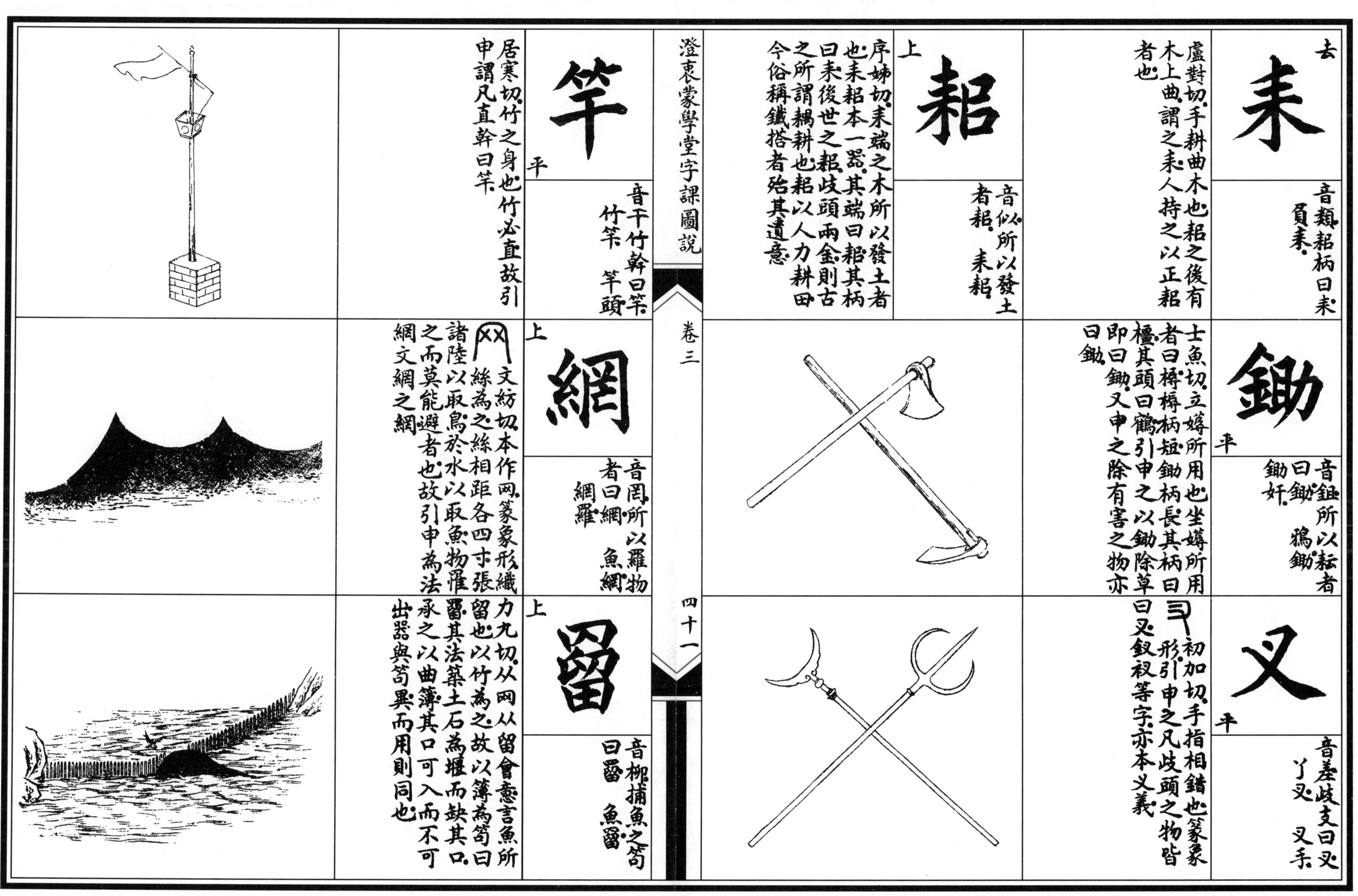

耒 去

音類 耜柄曰耒 頁耒

盧對切。手耕曲木也。耜之後有木上曲，謂之耒。人持之以正耜者也。

耜 上

音似 所以發土者耜 耒耜

序姊切。耒端之木，所以發土者也。耒耜本一器，其端曰耜，其柄曰耒。後世之耜歧頭兩金，則古之所謂耦耕也。耜以人力耕田，今俗稱鐵搭者，殆其遺意。

鋤 平

音鉏 所以耘者曰鋤 鋤奸 鴉鋤

士魚切。立薅所用也。坐薅所用者曰槈。槈柄短，鋤柄長。其柄曰橿，其頭曰鶴。引申之，以鋤除草即曰鋤。又申之，除有害之物亦曰鋤。

叉 平

音差 歧支曰叉 丫叉 叉手

初加切。手指相錯也。篆象形。引申之，凡歧頭之物皆曰叉。釵杈等字亦本叉義。

竿 平

音干 竹幹曰竿 竹竿 竿頭

居寒切。竹之身也。竹必直，故引申謂凡直幹曰竿。

網 上

音罔 所以羅物者曰網 魚網 網羅

文紡切。本作网。篆象形。織絲為之。絲相距各四寸。張諸陸以取鳥，於水以取魚。物罹之而莫能避者也。故引申為法網、文網之網。

罶 上

音柳 捕魚之笱曰罶 魚罶

力九切。从网从留，會意。言魚所留也。以竹為之。故以簿為笱曰罶。其法築土石為堰而缺其口，承之以曲簿。其口可入而不可出。器與笱異而用則同也。

製 去

音制。裁成庶物謂之製。製造局。

征例切。專言之。裁衣曰製。泛言之。則凡造物皆曰製。泰西以工商立國。故其製造益精。又皆運用機器。以省人力。一人引機。可成數十百人之功。故出貨多而價值廉也。

鍊 去 煉

音練。鎔金使精謂之鍊。鍊鋼。老鍊。

郎甸切。冶金也。泰西鍊金多用機器。故金純而遺質少。中國鍊金多宗土法。故金雜而遺質多。凡鍊金必精熟。故事理精熟者亦曰鍊。如習鍊、歷鍊之鍊是。鍊與煉通用。

冶 上

音野。爐鑄謂之冶。冶坊。冶容。

以者切。鎔也。凡金遭熱則流。遇冷則凝。猶水釋則流。合則冰。故字從仌。金之在鎔。惟冶者之所鑄。態之在人。惟裝者之所飾。故引申為冶容之冶。

甄 平

音甄。陶與陶竈皆曰甄。甄陶。甄別。

稽延切。陶也。因謂陶器之竈。即曰甄。埏埴在甄。陶人化之以成器。故謂化育人才曰甄陶。

鑄 去

音注。范金成器曰鑄。鑄錢。鼓鑄。

朱戍切。鎔金也。取金之既鍊者。鎔之以入模曰鑄。

勘 去

堪去聲。校定曰勘。校勘。勘路。

苦紺切。勘。校也。引申為深切攷覈之意。故事經覈定曰勘定。

劑 去 平

音棗。齊翦曰劑。質劑。齊去聲。齊分曰劑。分劑。

津私切。齊截也。古之判券。兩書一札。同而截之。故又名劑。轉為分劑、藥劑之劑。讀才詣切。

斲 入

音琢。斤以斫之曰斲。雕斲。

竹角切。以斤斲器也。

削 入

相入聲。刻治曰削。筆削。削職。音笑。刀室曰削。

思約切。刻刀也。長尺。博寸。合六而成規。古者未有紙筆。即以削刻字於簡。因即名刻治為削。凡簡經削必小弱。故引申為侵削、削弱之削。段借為鞘。讀蘇弔切。

刊 去 平

看平聲。鐫刻曰刊。刊印。音旰。義同。

苦寒切。又古案切。斫刻也。凡斫木刻石皆曰刊。引申謂不可删削者曰不刊。

删 平

音潸。刊所當去謂之删。删去。

師姦切。剟也。从刀从册。册。書也。古者無紙。册書以簡。若有所削除。必以刀刊剟之。故今之去僞辭、留真義者。亦以删名。

刺 去

此去聲。以刀直傷人謂之刺。刺客。刺史。

七四切。棘芒也。棘芒能傷人。故引申為刺客之刺。被刺者每出於不及防。故潛發人之陰私曰譏刺。又古者刺姓名於簡。持以謁人。其簡因謂之刺。周禮有三刺之法。刺。訊決也。訊決必審取其情。故又轉為刺取之刺。

剝　入

音駁。褫去其表曰剝。　剝皮。　盤剝。

北角切。裂也。引申之殺牲解體謂之剝。剝者先取其表。故俗謂褫衣曰剝。剝有漸削之意。故朘刻民力亦曰剝。

穿　平

音川。通穴曰穿。　穿鑿。　通穿。

昌緣切。

剖　上

音掊。中分曰剖。　剖開。

普厚切。判也。判其表者曰剝。判其中者曰剖。剖分析之也。故引申為剖析剖解之剖。

析　入

音錫。分剖曰析。　分析。

思積切。破木也。引申為分解之義。如離析析釁之析是。

破　去

頗去聲。不完曰破。使之不完亦曰破。　殘破。　破城。

普過切。石碎也。引申之凡壞者與使之壞皆曰破。故敗人軍入人國亦曰破。

碎　去

音誶。析物曰碎。已析之物亦曰碎。　擊碎。　碎雜。

蘇對切。瓦破曰[illegible]。石糲曰碎。引申之凡物之糜敗者皆曰碎。碎者必細。故又申之擊物使分析亦曰碎。事之瑣細者亦曰瑣碎。

壞　去

音怪。物不自敗而敗之曰壞。　敗壞。　懷去聲。物自毀曰壞。

古快切。　胡怪切。

敝　去

音幣。敗壞曰敝。　敝廬。　敝屣。

毗祭切。帗也。本作㡀。象巾破裂形。引申之凡物之敗者皆曰敝。又申為敝邑之敝。

朽　上

休上聲。腐敗曰朽。　朽木。　老朽。

許久切。木腐也。木腐則無材。故引申謂人之不材者曰朽。

爛　去

瀾去聲。火熟曰爛。　腐爛。　爛熟。

郎旰切。以火煮物者。物質為火力驅鬆則熟爛。物爛則腐。故引申為腐爛之爛。腐爛則消散。故事之消散無成者曰糜爛。又使物熟爛必以火。火照明之象也。因又轉為燦爛爛漫之爛。

絕　入

音截。斷而不續曰絕。　斷絕。　絕好。

情雪切。斷絲也。从糸从刀从卩。會意。引申為隔絕絕交之絕。亦以不連為義。轉為絕學絕妙之絕。與極字同意。言已造其極。難乎為繼也。

斷　去　上

音段。絕物曰斷。物之既絕者亦曰斷。　斷絕。　音鍛。決事謂之斷。　決斷。

徒玩切。截也。古文作𢇍。會意。𢇍絕也。以斤絕之。而分為異段也。斷有決絕之意。故引申為決斷之斷。讀都玩切。

續 入

音俗。繼絕曰續。接續。斷續。

松玉切。連也。連已絕者謂之續，如續弦之續是。連未絕者亦謂之續，如嗣續、續貂之續是。

紹 上

音佋。繼絕曰紹。介紹。紹興。

市沼切。繼也。轉為介紹之紹。謂賓主之間本不相屬，而藉介以通之，如續物然也。

聯 平

音連。綴合曰聯。蟬聯。聯姻。

力延切。連合也。周禮五家為比，十家為聯；五人為伍，十人為聯；四閭為族，八閭為聯。皆以聯合為義。

絡 入

音洛。結繩以籠物曰絡。經絡。籠絡。

歷各切。絮也。一曰麻未漚也。引申之，結繩為網以載物謂之絡。又申之，馭人以智術，使不越範圍，亦謂之絡。又人之筋脈曰經絡，以其相屬如網也。

維 平

音惟。繫物曰維。綱維。維繫。

夷佳切。車蓋之系曰維。繫繩於四角以張網者亦曰維。維皆繫物之繩也，故引申為維繫之維。又申之，禮義廉恥謂之四維，言人賴四德以立，猶網賴四維以張也。段借為惟，獨也。古書惟、唯、維三字多通用。

繫 去

音系。纏縛曰繫。維繫。繫舟。

胡計切。繫，繞也。物不相屬者，必繫以聯合之。如繫辭及以事繫日之繫，皆本此義。

纏 平

音廛。以絲繞物曰纏。纏繞。纏綿。

澄延切。繞而縛之也。引申為凡繞之偁。又為固結不解之形容詞，如纏綿是也。中國女子多纏足，泰西女子多纏腰，二者皆足以害身而弱種，故中西有志之士並設會以禁之。

繞 上

音擾。以繩纏物曰繞。圍繞。繞道。

爾紹切。纏縛也。以繩繞物，必環行一周，故引申為旋繞。繞行之繞，通作遶。

束 入

音倏。聚而縛之謂之束。束脩。裝束。

式竹切。縛也。古者一束猶今西人所謂一打，而束則恆以十數為之。故脯以十脡為束，帛以五兩為束，五兩即十端也。引申之，凡束縛皆曰束，如束薪、束髮是。又申之，凡有束縛之義亦曰束，如拘束、管束是。

縛 入

符钁切。附入聲。以繩束物曰縛。束縛。

締 去

音帝。固結曰締。締交。

丁計切。結不解也。如締交之締是。引申為締造之締。締造猶言結構也。

緘 平

音監。封物曰緘。緘口。

居咸切。緘，束篋之繩也。引申之，束物封物皆曰緘。

描 平

音苗。摹畫曰描。描畫。描紅格。

眉鑣切。描摹仿而畫之也。輕者曰描。重者曰摹。

鑲 平

音襄。嵌物於金中謂之鑲。金鑲。鑲邊。音襄。義同。

汝陽切。又思將切。刑中腸也。因段為鑲嵌之鑲。物之鑲者外必有緣。今制滿洲蒙古漢軍八旗中。有鑲黃鑲白鑲紅鑲藍四旗。蓋以其旗所緣別之也。

嵌 上 平

闞平聲。山深貌。音闞。陷入其中曰嵌。鑲嵌。

口銜切。嵌巖深谷也。引申之坎窞之孔亦曰嵌。苦濫切。陷入孔中也。引申之凡以物實孔皆曰嵌。

鏤 去

音漏。刻金也。雕鏤。鏤刻。

郎豆切。鋼鐵之可以鐫刻者曰鏤。引申之鐫刻即曰鏤。鏤必鋟文其上。故漢時西南夷之文身者亦曰鏤體。

琢 入

音斲。鏤刻玉石曰琢。雕琢。琢玉。

竹角切。鐫鑿玉石使有文采也。與瑑義通。

磋 去 平

音蹉。以錯磨物曰磋。切磋。音剉。義同。

倉何切。又麄卧切。以錯治物使滑澤也。引申之凡為學者互相觀摩謂之切磋。磋亦作瑳。

磨 去 平

音摩。所以研物者曰磨。磨坊。音摩。研物曰磨。磨刀。

莫卧切。磑也。公輸班作之。其制以兩石相切。切處琢縱橫齒。物為齒軋即糜為粉。中國以人力或牛馬力運之。泰西則借風水火力以動其機。故用人力少而成功多。眉波切。以磑磨物也。通作摩。

鑽 去 平

音劗。穿物曰鑽。鑽木。鑽研。音穳。所以穿物者曰鑽。鑽鑿。金剛鑽。

祖官切。穿物也。穿物必求其深入。故引申為鑽研之鑽。言期其深造而有得也。又祖算切。穿器也。又申為鑽營之鑽。又金剛鑽為純炭質所結成者。堅硬冠于各質。為鑲嵌寶星及首飾之貴品。

翦 上

剪

音剪。斷物曰翦。所以斷物者亦曰翦。翦刀。裁翦。

子踐切。羽初生也。初生則羽不深。故色淺謂之翦。如儀禮用疏布緇翦是。段借為剪。剪所以斷物者也。故引申為翦滅之翦。

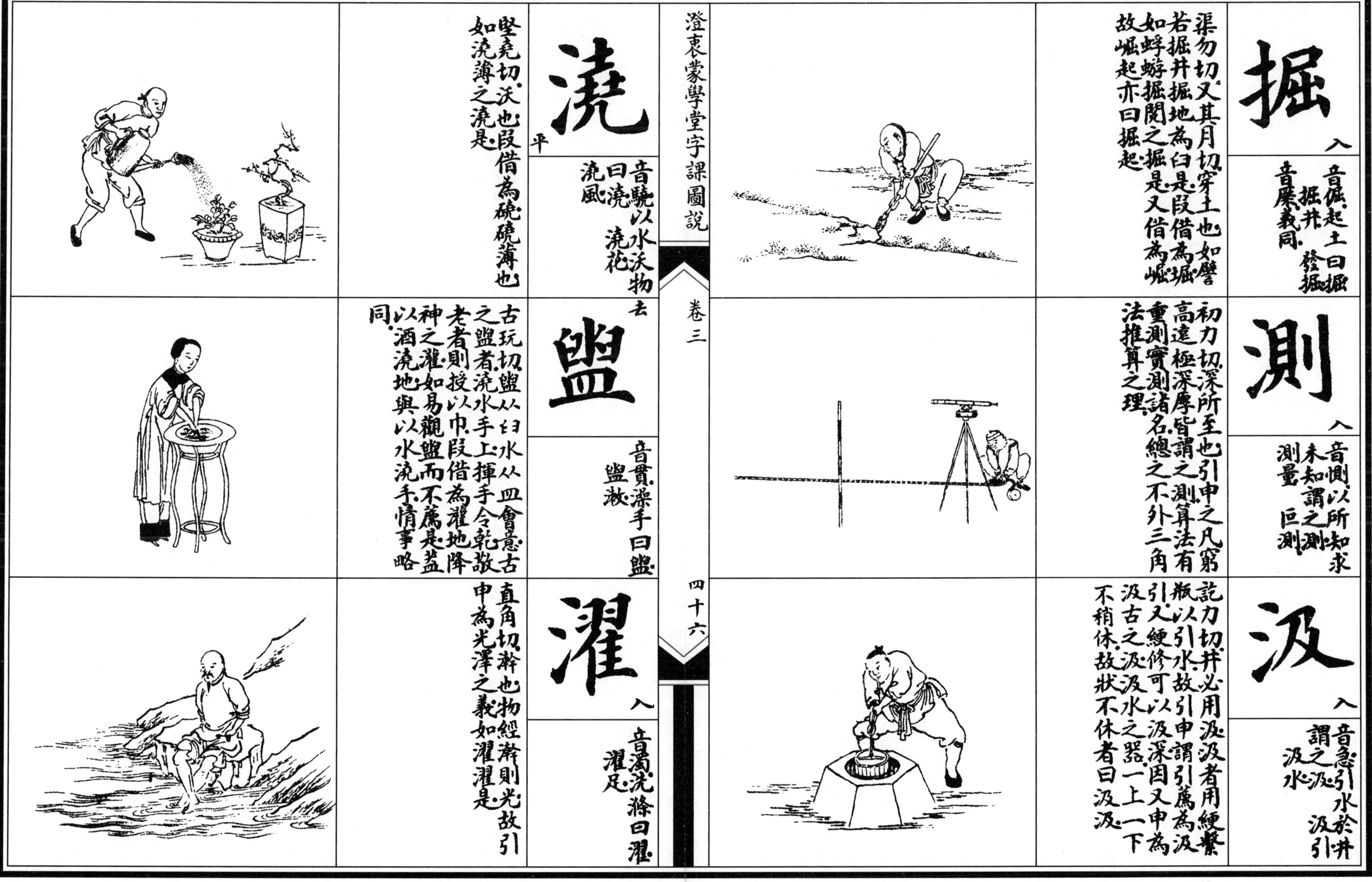

掘 入

音倔。起土曰掘。掘井。發掘。音厥義同。

渠勿切，又其月切，穿土也。如譬若掘井，掘地為臼是。段借為堀，如蜉蝣掘閱之掘是。又借為崛，故崛起亦曰掘起。

測 入

音惻。以所知求未知謂之測。測量。叵測。

初力切，深所至也。引申之，凡窮高遠極深厚皆謂之測。算法有重測、實測諸名，總之不外三角法推算之理。

汲 入

音急。引水於井謂之汲。汲引。汲水。

訖力切，井必用汲，汲者用綆繫瓶以引水，故引申謂引薦為汲引。又綆修可以汲深，因又申為汲古之汲。汲水之器一上一下，不稍休，故狀不休者曰汲汲。

澆 平

音驍。以水沃物曰澆。澆花。澆風。去

堅堯切，沃也。段借為磽，磽薄也，如澆薄之澆是。

盥

音貫。澡手曰盥。盥漱。

古玩切。盥从臼水从皿，會意。古之盥者，澆水手上，揮手令乾，敬老者則授以巾。段借為灌，地降神之灌，如易觀盥而不薦是。蓋以酒澆地與以水澆手，情事略同。

濯 入

音濁。洗滌曰濯。濯足。

直角切，澣也。物經澣則光，故引申為光澤之義，如濯濯是。

洗 上

音銑。澣濯曰洗。洗衣 洗足

音姺。洗物之具曰洗。筆洗

想禮切。凡澣濯皆曰洗。洗者去其舊染之污以自新也。故引申為洗心之洗。蘇典切。

澣 上 浣

音緩。濯垢曰澣。澣濯

合管切。濯衣垢也。以手曰漱。以足曰澣。引申之凡洗滌皆謂之澣。唐制十日一休沐。故以上旬中旬下旬為上澣中澣下澣。澣亦省作浣。

洒 上 灑

音灑。雨水曰洒。洒埽

音洗。與洗同。

所蟹切。與灑通。洒埽者弟子之職。言洒水以斂塵使埽時不上揚也。洒有洗濯之義。故借為洗。讀想禮切。如傳洒濯其心之洒是。洒者去垢之謂。引申之凡雪恥雪怨亦謂之洒。如孟子一洒之是。

沾 平 霑

音詹。物濡水曰沾。沾恩 沾溼

之廉切。與霑通。沃水為淋。濡水為沾。沾者溼而不流之貌。人之受恩。猶物之沾雨露。故引申為沾恩沾惠之沾。

酬 平

音讐。報獻曰酬。酬勞 應酬

時流切。導酒也。凡主人酌賓曰獻。賓還酌主人曰醋。主人又自飲以酌賓曰酬。飲賓而又從之以貨財亦曰酬。引申之凡報獻皆曰酬。如酬勞之酬是。又泛言應對謂之酬酢。

酢 入

音昨。客酌主人曰酢。酬酢

疾各切。酢本讀如醋。酸也。俗以醋為酸。而以酢為醋。主進酒於客曰獻。客荅進主人曰醋。故世以應對為酬酢。

斟 平

音針。酌酒曰斟。斟酒 斟酌

諸深切。勺也。勺所以盛羹。因即名羹為斟。如史廚人進斟是。勺本通酌。故俗以酌酒為斟酒。凡酬酢為賓主款談之會。故俗以商取其義為斟酌。

標 平

音猋。木末曰標。高標 錦標

卑遙切。木末也。木末必高。故引申為高標之標。高者可因以表誌。所表故段借為表識之表。古者懸楬表端以識事。因又申為標題標楬之標。

彎 平

音灣。物曲曰彎。撓物使曲亦曰彎。彎弓 月彎

烏關切。引弓發矢也。弓引則曲。故引申為彎曲之彎。

屑 入

音先入聲。碎末曰屑。木屑 不屑

先結切。細切之也。引申之所切之物即曰屑。又事之瑣碎者與物之細屑相類。故亦曰瑣屑。屑者物之不足重者也。故不加意于事物曰不屑。

包 平

音包。裹物曰包。所裹之物與所以裹者皆曰包。 書包 包涵

布交切。胎也。勹象人懷妊。巳象子未成形也。今作胞。引申為包裹包容之包。

裝 平

音壯。整束曰裝。 裝腔 軍裝

側羊切。束衣使整齊也。引申之凡服式行李皆曰裝。如古裝行裝是。又申之凡門窗器械亦曰裝。如軍裝裝修是。

載 去 上

音再。以車承物曰載。 裝載

音宰。年也。

作代切。載乘也。專言之乘於車曰載。泛言之凡加於物上皆曰載。故古之盟者。加書牲上而埋之曰載書。因轉為記載之載。又唐虞謂年為載。義取地所載生物已一熟也。讀子亥切。

轉 去 上

專上聲。旋行曰轉。 旋轉

專去聲。使物旋行也。 轉車

止兗切。輪旋也。輪旋半周曰輾。全周曰轉。引申為往來追復之詞。又以力旋物亦曰轉。讀株戀切。

輸 平

音鄃。以物致人曰輸。 輸粟 輸贏 損輸

商朱切。以車遷賄也。引申之凡委送財貨皆曰輸。輸必盡其所聚。故引申為輸贏之輸。漢時郡國諸侯各以其方物貢輸。往來物多苦惡不償其價。因制官以相給運。即曰均輸。

攤 平

音灘。舒展物體曰攤。 攤書

他丹切。開卷也。引申之凡陳列諸物皆曰攤。今小販之陳物求售者。亦即以攤名。攤者必平。故轉為攤還之攤。言分配必平均也。

擔 去 平 儋

膽去聲。所負曰擔。 挑擔

膽平聲。負之曰擔。 擔肩 擔當

都濫切。背所荷者曰負。肩所荷者曰擔。 都藍切。肩任曰擔。力任亦曰擔。

築 入

音竹。杵土使堅曰築。 築牆

之六切。擣土之杵曰築。以築擣之即曰築。引申之凡實土其中杵堅之皆曰築。

填 平

音田。以土滿之也。 填土

亭年切。

墊 去

音店。土陷曰墊。 椅墊

都念切。下也。屋陷之墊从宀執。土陷之墊从執土。皆指事也。陷則委溺。故引申為昏墊之墊。又借為填滿之填。

深 平

音𥧌。淺之對也。深淺。深淺。

式針切。水不可測曰深。引申之凡不可測者皆曰深。如學問淵深氣度深沉之類。

淺 上

千上聲。不深曰淺。水淺。淺近。

七衍切。淺者對深而言。凡一望而底蘊畢露者皆曰淺。

瀓 澄 平

音懲。水之清者。瀓清。

持陵切。水清曰瀓。清其水亦曰瀓。字亦與澄通。

濁 入

音濯。水不清曰濁。清濁。濁氣。

直角切。濁者清之反也。

汎 去

音氾。隨波飄浮曰汎。浮汎。汎舟。

孚梵切。浮皃。與泛畧同。

濫 上

音纜。水橫流曰濫。氾濫。濫交。

盧瞰切。濫氾也。言水行不由其道。而氾濫橫溢也。引申之刑失其道曰濫刑。樂失其道曰濫音。交友失其道曰濫交。聽言失其道曰濫聽。

沸 入 去

音芾。水汽漲湧曰沸。沸水。沸度。音拂。泉出皃。

方味切。沸水俗言滾水。尋常以水加熱至二百十二度爲沸度。但沸度關乎空气壓力。壓力大則沸難。壓力小則沸易。故藉水沸度之大小。可測山之高低。沸泉亦泉之遇地熱汁而漲湧者。分弗切。觱沸檻泉之沸。

溢 入

音逸。過滿曰溢。洋溢。充溢。

弋質切。注水於器。水如其器曰滿。更益以水則溢。引申之凡過其量者皆曰溢。粟米二十兩曰溢。字亦作鎰。鎰金二十兩也。皆過於一斤十六兩之意。

瀉 去 上

音寫。洩水曰瀉。瀉水。音卸。注下之症曰瀉。吐瀉。

悉也切。本作寫。置物也。謂去此注彼也。故洩水使他注曰寫。後人增水旁作瀉。而寫瀉遂異用。又泄瀉爲注下之症。讀司夜切。

流 平

音留。物之非定者曰流。流動。源流。

力求切。不動之物曰定質。常動之物曰流質。氣類爲輕流質。油水水銀及五金鎔液之類爲重流質。凡言流者。言其流動不息也。故引申爲周流之流。分人之品類亦曰流。言若水之有支派也。

浮 平

音罘。漂流無定曰浮。浮海。粗浮。

縛牟切。浮者物在水面往來無定向也。引申爲凡無定向之辭。故習業無定趨曰浮蕩。發言無定評曰浮夸。數踰其定額。又曰浮於額。

湧 上

音勇。水上出曰湧。洶湧。

尹竦切。本作涌。水性就下。噴激而上則謂之湧。

凝 平 去

甯平聲。滯而不流曰凝。寒凝。凝結。

疑陵切。凝本訓冰堅也。寒氣凝聚始成冰。而今流質為定質。故又訓聚也。定也。古文冰作仌。凝作冰。後人以冰代仌。而以凝為凝聚之稱。

淤 平 去

音飫。濁泥也。淤泥。淤塞。音於。義同。

依據切。水中濁泥曰淤泥。水為濁泥所塞曰淤塞。又讀依虛切。

壅 上 平

音邕塞水曰壅。壅塞。糞壅。音擁。

於容切。障水使不通也。凡隄岸敺蝕。加土封之則曰壅。引申為壅塞壅蔽之壅。壅又有培植之義。故培覆根土。澆灌卉木。並曰壅。又伊竦切。義同。

涸 入

音鶴。水竭曰涸。乾涸。涸轍。

下各切。

漫 去 平

音縵。大水曰漫。水漫。漫漫。音瞞。義同。

莫半切。漢官切。漫大水也。水勢浩大亦曰漫。漫漫則一望無際。故道路長遠曰漫漫。漫又有放逸之意。如漫不經心之漫是。

潑 入

音鏺。弃水曰潑。潑水。活潑。

普活切。潑弃水於地也。水本主動。潑則錯落下墜。畧無滯機。故不沾滯曰活潑。

匯 上

回上聲。眾水所聚曰匯。總匯。匯票。

胡罪切。匯器也。禹貢東匯澤為彭蠡。匯訓為圍。言大澤外必有陂圍之。如器之圍物也。引申之。眾水會流亦曰匯。段借為回。今用銀錢券票有匯票名目。義取回向本處付欵也。

消 平

音宵。化有為無曰消。消息。消磨。

先彫切。消滅也。物滅其形曰消。故事物一生一滅謂之消息。

溯 去

音素。逆流而上曰溯。溯洄。追溯。

蘇故切。本作㴑。水欲下違之而上也。引申之自下而上皆曰溯。如追溯上溯之類。

游 平

音猷。浮行水面曰游。游玩。游民。

夷周切。游旌旗之流也。言旌旗之下垂若水流然。引申之浮行水面曰游。又申為出游嬉游之游。

沿 平

音鉛。順流而下曰沿。相沿。沿江。

余專切。沿緣水而下也。引申之自上而下曰沿。循緣故轍亦曰沿。

泊 入

音薄。舟附岸曰泊。泊舟。澹泊。

傍各切。泊淺水也。停舟必擇水淺之處。故移舟就岸曰泊舟。泊則暫可憩息。故甯靜無為曰澹泊。流寓無定曰漂泊。